일곱 가지 대죄
The Seven deadly Sins

일곱가지 대죄
The Seven deadly Sins

Copyright© 1962 by Sunday Times Publication Ltd.

초판인쇄 2007년 7월25일
초판발행 2007년 8월 3일

지은이_ 이디스 시트웰 외
옮긴이_ 편집부
디자인_ 이현자
발행인_ 김현길
발행처_ 도서출판 문파랑

등 록_ 제313-2006-000253호
주 소_ 서울시 마포구 망원동 473-35 삼봉B/D 2F
전 화_ (02) 3142-3827
팩 스_ (02) 323-5790
E-mail_aveva@naver.com

값 8,000원

ISBN 978-89-958980-3-1 03840

이 책에 실린 글과 그림에 대한 저작권은 도서출판 문파랑에 있으므로
내용의 일부를 인용하거나 복사, 발췌를 금합니다.

일곱 가지 대죄
The Seven deadly Sins

작가 **이디스 시트웰 외** | 번역 **편집부**

머리말

교만, 탐욕, 탐식, 정욕, 나태, 질투, 분노—이 일곱 가지를 성聖 토마스 아퀴나스[1] 이래로 로마 가톨릭교회 성직자들은 대죄大罪라고 여겨왔다. 이 일곱 가지 죄는 반도덕적 죄이나 법률적 범죄가 아닌 이상 이러한 문제를 다루는 일은 오직 신학자들의 몫이었다. 어쨌든 이 일곱 가지 죄의 선택은 기묘한 듯싶다. 따라서 그 까닭을 알기 위해선 아무래도 교회조직의 역사를 거슬러 올라가 볼 필요가 있다.

우선 최초의 대죄 목록은 일곱 가지가 아니라 여덟 가지였다. 이를테면 5세기 초에 카시안[2]은 동방교회의 수도생활 규범을 서방교회에 전했을 때, 교만과 더불어 허영심을, 또 나태나 무관심과 함께 실의를 넣

---

1) 토마스 아퀴나스(Thomas Aquinas, 1225?~1274.3.7) 중세 유럽의 스콜라 철학을 대표하는 이탈리아의 신학자.
2) 존 카시안(John Cassian, 약 365-435) 서방교회의 수도원운동의 창시자. 어거스틴과 동시대 사람으로 동방의 이집트를 비롯한 사막의 수도사들을 찾아 인터뷰를 하며 그들의 가르침을 전수받아 동방교회의 영성전통을 서방교회에 소개함.

없는데 질투는 언급조차 안했다. 그의 논문에서 다루길 이 같은 대죄는 수도사가 덕행을 완성하는데 주요한 장애가 된다는 것이었다. 얼마 뒤에 대죄는 일곱 가지로 줄었다. 일곱은 특히 즐겨 쓰이는 신망 있는 숫자다.

이 치명적인(또는 주요한) 죄(또는 악덕)들은 죄의 무거움이라기보다는 갖가지 다른 죄를 유발하는 힘에 그 두드러진 특색이 있다. 비신학적으로 말하자면 이러한 죄들은 사람을 여러 가지 악행으로 유혹하는 사악한 마음 상태라고 설명할 수 있을지도 모른다. 탐욕에서 강도질이나 갈취 행위가 생길 수 있으며, 분노 때문에 살인이나 방화가 일어날 수 있으며, 나태는 절망이나 자살로 이끌 수 있다. 이단이니 무신앙이니 하는 마음 상태는 두말할 것 없이 용서받지 못할 죄나 여기서 말하는 일곱 가지란 이런 것과는 거의 관계가 없다.

　중세 이래로, 특히 최근 수백 년 동안 서구에서는 윤리적 가치의 끊임없는 변화가 있었다. 가톨릭 백과사전에 나와 있는 바처럼 '진화는 도덕관을 변혁시켰다. 죄라는 것은 이젠 존재하지 않는다.' 합리주의자는 하느님을 배반한다는 죄의 관념을 이웃이나 자기 자신에게 죄를 진다는 부정의 관념으로 대체했다. 이런 변화의 효과는 종래 그대로 죄를 믿는 정통파 사람들에게조차도 뚜렷이 나타난다. 예를 들면 노예 소유는 그 자체는 종교상의 죄가 아니었으나 윤리적인 신학자를 틀림없이 낙담시켰으리라. 또 그처럼 심한 죄는 아니지만 동물 학대도 역시, 적어도 북유럽 국가들의 기독교도들에게는 나쁜 짓으로 여겨진다.

　여기에 소개하는 일련의 에세이에선 격렬한 비난이나 지옥의 유황불 같은 으름장도 볼 수 없다. 더욱이 필자들은 이 같은 글이 일으킬지도 모르는 엄숙한 규탄과는 거의 무관하게, 각자 논의의 대상으로 삼은 특정 대죄에 집중한다. 그러나 그럼에도, 일곱 가지 대죄를 다루는

이들 필자의 하나같이 온건한 태도는, 어떤 사람들에겐 놀랍게 생각되며 또 다른 사람들에겐 의미심장한 것으로 생각되리라. 오늘날 우리는 성 토마스가 일곱 가지 대죄의 섬뜩한 위력에 대해서 상세하게 설명한 13세기에서 아주 멀리 떨어져 있으며, 또한 죄의 공포가 겨우 걸음마를 떼기 시작한 어린애한테조차 주입된 19세기와도 다른 시대에 살고 있다.

 적어도 이들 필자들 중 세 사람은 정통 기독교도로서 유명하다. 그러나 어느 한 사람도 대죄를 메스껍고 무섭도록 표현한 단 한 편도 쓰지 않았다. 코널리 씨는 독설 없는 풍자로써 탐욕이 어떻게 사람을 이기주의의 괴물로 타락시키는가를 잘 보여준다. 이에 비하면 나태를 다룬 기독교도 작가는 얼마나 온건한가! 이 '나태sloth'라는 영어는 라틴어 acedia의 온전한 뜻을 전해주지 않는다. 이 말은 정신의 마비로 기쁨을 받아들이지 못함을 의미한다. 다시 말하면 그것을 현대의 어느 제

수이트 수도사는 '감정의 무신경함' 이라고 했다. 이것은 중세기에 흔한 유형으로, 사명감을 잃어버린 수도사나 수녀가 특히 빠지기 쉬운 죄였다. 이블린 워어 씨는 이와 유사한 현대인의 증상을 권태에 빠진 군인에게서 발견했다. 그러나 워어 씨가 지적하길, (그가 '보통의 태만' 이라고 번역하는 pigritia가 결합된) 나태의 죄는 훨씬 더 일상적이며 더구나 이것이 지금 우리의 윤리 의식뿐만 아니라 현대 문명마저 위험에 빠뜨린다고 한다.

분노를 신학자들은 복수의 욕망이라고 정의한다. 여기서 적절하게도 오든 씨는 방지책이나 교정 목적 대신에 보복 삼아 하는 죄의 처벌을 비난한다. 우리 영국에서는, 그가 말하듯이, 중산계급 사람들은 분노를 육체적인 폭력이 아닌 말로써 적의를 표현하도록 훈련받는다. 어쩌면 신학자들은 무자비한 말이야말로 더욱 지독한 유혹을 물리칠 수 있는 사람들에게조차도 흔히 따라다니기 쉬운 죄라고 말할지 모르지만.

　윌슨 씨는 질투를 죄라기보다 오히려 고통으로 보여준다. 질투에 시달리는 사람들, 특히 그의 의견으로는 (내 생각은 다르지만) 작가가 일종의 직업병으로 질투에 빠지기 일쑤라는 사실은 어쨌든 이런 사람들에 대한 동정심을 자아낸다. 이상하게도 현재 '경쟁을 위한 경쟁'이라는 말로 비난받는 교육을 통한 출세 길도, 그는 질투의 발생을 더하게 한다고 여긴다.

　탐식이 보잘것없고 맛도 없는 식사밖에 먹지 못했던 수도사에겐 강박관념이었음은 말할 것도 없다. 그러나 그렇다 치더라도 탐식은 다른 죄를 초래한다기보다 오히려 백일몽 속에서 소진할 수 있으리라고 나는 생각한다. 아마도 탐식이 일곱 가지 대죄의 하나로 꼽히는 이유는, 그것이 음식뿐만 아니라 방종한 과음을 뜻하기 때문이며, 음주는 사람을 갖가지 악행으로 이끌지도 모른다. 비종교적인 의미에서 탐식은 불신자의 건강을 해칠지는 모르나 이웃에게 해를 끼치는 일은 거의 없다.

　탐식은 사악하다기보다 우스꽝스럽게 보인다. 따라서 이 에세이의 필자 패트릭 퍼머 씨는 박식함과 위트를 불꽃놀이처럼 눈부시게 보여줌으로써 우리를 감탄하게 한다.

　정욕에 반대하는 기독교적인 주장을 사이크스 씨는 훌륭하게 설명한다. 그러나 그는 이 죄를 지금껏 성직자가 부당하게 과장해왔음을 시사한다. 복음서에서 예수는 정욕보다도 위선과 완고한 마음, 그리고 형식적인 종교적 인습을 훨씬 더 호되게 꾸짖었다.

　성 그레고리와 성 토마스가 일곱 가지 대죄 중에서 가장 큰 것으로 생각한 교만은 여기서는 기독교도인 필자의 손으로 가볍게 다루어진다. 시트웰 여사는 '어느 몇 가지 경우를 제외하고는 교만을 대죄로 간주한 적은 없다'고 했으며, 또 여사는 간악한 교만의 가장 전형적인 인물로서 이아고를 들면서 겸손에 대해 입에 발린 소리를 하지 않고 다만 교만의 추악한 면을 예증했을 뿐이다.

나는 여기 소개한 일곱 편의 에세이한테 반했다. 나는 같은 필자들에게 다른 죄—예컨대 워어 씨에게는 비겁에 관해서, 윌슨 씨한테는 위선을, 오든 씨에겐 인종적인 편견을, 사이크스 씨한텐 무자비함을, 퍼머 씨에겐 이간질을, 시트웰 여사에겐 동물 학대—등을 글로 써주기를 바라고 싶을 정도다. 현대의 윤리적인 가치가 크게 변화했다는 사실의 증거로, 이 에세이들만큼 효과적인 것을 나는 상상할 수 없다. 낡은 대죄에 대해 여기에 드러난 반감만큼 통렬한 것이 또 어디에 있겠는가?

*레이몬드 모티머 Raymond Mortimer 1895~1980
영국의 비평가, 문학 편집자. 1920년대에 파리에서 소설을 쓰기도 했으며, 그 후에 지식인을 대상으로 하는 영국의 정치·학예 주간지 〈뉴 스테이츠먼 New Statesman〉의 문학편집자가 되었다. 제2차 세계대전 중에는 〈선데이 타임즈〉의 비평가로서, 프리랜서 프랑스 해외통신원으로서 활동했다.

목 차

서문 Foreword | 4

질투 Envy-앵거스 윌슨 Angus Wilson | 15

나태 Sloth-이블린 워어 Evelyn Waugh | 31

교만 Pride-이디스 시트웰 Edith Sitwell | 43

분노 Anger-W.H. 오든 W.H. Auden | 61

정욕 Lust-크리스토퍼 사이크스 Christopher Sykes | 81

탐식 Gluttony-패트릭 레이 퍼머 Patrick Leigh Fermor | 101

탐욕 Covetousness-시릴 코널리 Cyril Connolly | 131

질투

앵거스 윌슨

Envy

Angus Wilson

어떤 사람은 이미 요람에서부터 질투를 느끼기 시작한다. 백작 도련님이 큰 저택에서 배불리 마시는 고급 우유를 생각하면 자기가 빨고 있는 젖이 갑자기 쓴맛으로 느껴진다. 확실히 거기까지 통찰하는 것은, 어머니의 어느 애처로운 직관력이다. 그러나 이처럼 불우한 계층의 아기들은 적어도 어른이 된 뒤에, 질투가 많은 사교생활에서 의연함을 가장한 체 자기도 모르게 일그러지는 얼굴에 가증스러운 미소를 짓는 일은 없으리라.

어쨌든 요람에서부터 질투를 느끼는 그러한 아기들은 젖먹이 천재인 셈이다. 대다수 사람들에게 창자가 꼬이는 듯한 질투의 격통이 맨 처음 찾아드는 때는 이보다 십 년 이상이나 지나서이리라. 아마도 뽐낼 만한 경우이겠지만 지방신문이나 중앙지에서 활자화된 자기들의 이름을 최초로 보게 될 때라든가, 그렇지 않으면 좀 더 초라하지만 비슷한 정도로 아주 멋진 체험인, 초록색 베이즈 천의 게시판에 타이프라이터로 친 성적 등수표가 나붙었을 때이리라.

시험이란 것이 갈수록 결정적으로 인간의 지위를 좌우하는 시대—즉 시험이 결정짓는 제2의 자기, 사회적 자기를 한평생 동안 내내 달고 살아야만 하는 시대에는, 이러한 질투의 첫 희생자들도 소년기에 그 숫자가 늘어날 것이며, 그 시기는 더욱더 빨리, 그 증상은 더욱더 참혹

해지리라.

　그러나 경쟁자의 이름이 자기보다 위에 적힌 것을 본 소년—또는 소녀—의 얼굴이 한순간 건강한 낯빛을 잃고 병적으로 창백하게 변했다고 해서, 물론 그것으로 질투의 쾌락과 고통에 중독되었다고 말할 수 없다. 그 감정은, 그 쌍둥이 동생인 시샘처럼 학창시절에는 오히려 비정상적으로 두드러지게 눈에 띈다. 닫힌 온실의 공기가 조장하는 경쟁심은 마치 열대산 칡의 덩굴손처럼 소녀들의 생활을 친친 감아나간다. 이것이 이윽고, 사회라는 약육강식의 정글로 뛰어들기 위한 최상의 준비운동이라고 말한다.

　하지만 이러한 어린 질투 환자들 중에도 두 번 다시 그 고통에서 벗어나지 못하는 사람들도 있다. 어린 나이에 이처럼 저주받은 그들을 어떻게 하면 식별할 수 있을까? 경쟁에서 져도 웃는 얼굴을 하라는 학교윤리의 요구—이것도 또한 정글로 뛰어들기 위한 준비운동이다-에 대한 그들의 반응을 보면 알 수 있다.

　구원받는 이들은 감정을 발산할 수 있을 정도까지 괴로움을 얼굴에 드러낼 수 있는 소년—또는 소녀—이리라. 이들은 특별한 라이벌의 성공에 대해 실컷 유감을 토로하고 나서 그날에 다른 일로 빨리—그렇게 아주 재빠르게는 아니지만—옮겨간다. 물론, 저주받은 소년은 일그러진 얼굴로 어깨가 축 쳐져서 살며시 도망친다. 또한 소녀는 화가 나서 울음을 터트린다.

더 구제불능의 소년은 어른인 체 짐짓 점잔빼며 느릿느릿한 말투로 시험 자체를 경멸한다. 경쟁자보다 더 잘했다거나 더 못했다거나 누군가가 그 자신을 비교 평가하는 것에 아연해 하면서 말이다. 더 구제불능의 소녀는 이렇게 말한다. ─남자친구와 옷 때문에 공부할 시간을 다 빼앗겼다고. 이런 약아빠진 변명을 해봤자 너무 늦었다. 시험 준비를 열심히 하지 않았다는 사실이 아주 멋지게 돋보일 때는 오직 그 결과가 우수할 경우뿐이다.

그러나 이보다 더 나쁜 예도 있다. 최악의 구제불능으로 비참한 인물은 승리자를 에워싸는 축하 군중 사이로 섞여 들어가기 위해 부리나케 달려드는 패배자, 축하 연회에서 축사를 하는 일이 자신의 의무라고 생각하는 패배자이다. 그녀의 얼굴은 이때부터 죽을 때까지 몇 번이고 거듭해서 웃는 낯을 한 패배자의 짐짓 꾸민 표정을 지을 것이며, 이윽고 괴롭게 일그러진 표정은 그녀의 평소 얼굴이 된다. 그녀는 언제나 다음 행운을 기다린다. 그러나 행운은 물론 그녀의 이웃을 찾아갈 뿐 결코 그녀에겐 오지 않는다. 그의 목소리엔 점점 더 부자연스러움이 배어난다. 시기하는 친구에 대한 기묘하게 애정 어린 말투에서 웬일인지 버럭 호통 치는 소리가 나오며, 쾌활한 웃음소리가 허공에서 사라지기 전에 항상 뱀처럼 쉿 하는 소리로 변한다.

시험이 끝난 뒤에 불유쾌한 며칠 동안, 자기들 경쟁자의 이름이 학교에서 온통 화제가 되어 있는 듯한 생각이 드는 것과 마찬가지로, 장래에도 또한 그들이 질투하는 수많은 이름들 중에는 언제나 한 이름이, 어디를 가나 따라다니며 자신들을 괴롭히며 비웃는 한 이름이 있다. '불쾌한 날'—고질적인 질투자에겐 주기적으로 찾아오는 매우 불쾌한, '참담한 날'이 있다—에는 그 이름이 어느 포스터에서나 적혀 있어서 자기들을 노려보는 것 같고, 지나가는 사람들이 모두 그 이름을 입에 달고 다니는 것 같다. 이쯤 되면 질투는 이미 지배적인 감정이 되어, 남모르게 감추고 고수해야 할 정신의 치부가 된다. 따라서 그것은 유독한 습관성의 마약이므로 그들은 그것 없이는 살아갈 수 없으며 마침내 그것 때문에 죽게 된다.

맨 처음에 과연 무엇이 사람들을 이 절망적인 무언극으로 몰아넣는 것일까? 짐짓 태연한 척하는, 패배에 무관심한 척하는 이러한 무언극으로 말이다. 내 생각에 사회 여론, 즉 훌륭한 스포츠맨십을 가지라고 끊임없이 요구하는 학교 윤리는 별로 큰 원인은 아니다. 그보다는 이미 질투에 빠져있는 사람들의 눈에 보이지 않는 은근한 압력이 훨씬 더 큰 원인이 아닐까. 제아무리 얼굴을 찡그려도 행복을 가장하려는 일은 시도할 만한 가치가 있다.—그것이 만약 동병상린의 감정으로써 우리를 자기편으로 끌어들이려고 기를 쓰는 질투자들의 시선을 피하는데 도움이 된다면 말이다.

하지만 당신한테서 상금을 낚아채간 사람을 보고 당신이 억지 노력으로 겨우 "최고다"거나 "잘했다"하고 친구처럼 무심코 칭찬을 말하려는 순간, 가까운 곳에 숨어서 기다리고 있던 질투 중독자는 당신의 시선을 붙잡으면서, 적어도 자기한테는 당신의 말이 진실하지 못하게 들렸음을 당신에게 보여주리라. 그의 눈을 속이기 위해선 상당히 고도의 '해피 액트happy act'가 필요하다.

일단 질투의 비밀교단에 새 회원으로 들어가게 되어, 거짓된 위로의 가벼운 빈정거림을 서로 주고받게 되면, 거기서 빠져나오기 위해선 오로지 기적이거나 웬만한 행운이 아니고서는 불가능하다. 아무런 연고도 없는 사람의 유산이 당신에게 굴러 들어온다든지, 당신과는 어떤 관계도 없는 어느 회사의 정신 나간 사장이 당신을 명목뿐인 중역에 앉혀놓고 많은 월급을 주기로 했다든지, 당신 주위에서 가장 인기 있는 미인이 거의 일방적으로 당신에게 미친 듯이 빠져있다든지, 어떤 야릇한 바람의 조화로 하룻밤 사이에 당신이 아도니스처럼 미남자가

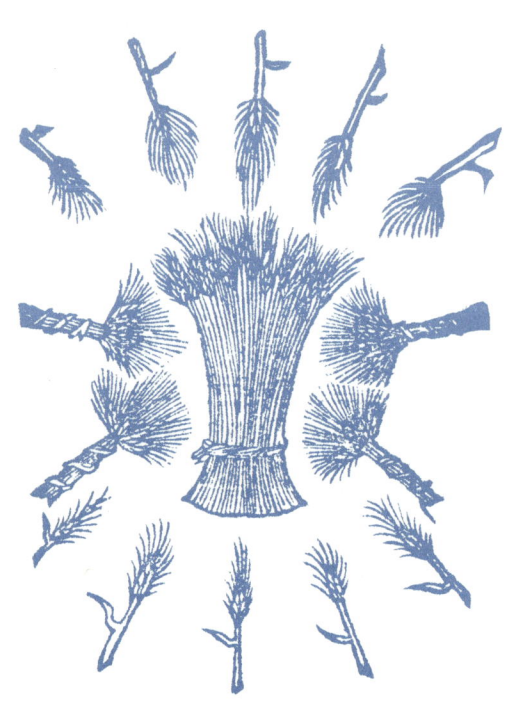

된다든지, 만약 그러한 일이 생기면 혹시 당신도 질투의 강철 멍에—서서히, 그러나 확실히 당신의 목을 조르며 당신을 질식시키는—에서 해방될지도 모른다.

하지만 그러려면 무엇보다 먼저 '행운'이 당신을 찾아와야 한다. 그런데 결코 질투 환자에게는 다가오지 않는 것이 '행운'의 본질이다. 그것은 원래 그들의 질투를 받는 사람들만의 전유물이다. 그러나 행운 말고는 그들이 벗어날 방법은 하나도 없다. 자기 자신의 노력으로는 절대로 풀려날 수 없다—이것이 질투라는 게임의 제일 법칙이다.

어쩌면 당신은 질투 그 자체의 에너지를 전용해서 아무도 부러워하지 않는 현재의 당신 위치에서 더 높아지려고 애쓰는지도 모른다. 만일 당신의 질투가 모든 것을 불태워버릴 만큼 강렬하다면 당신은 혁명가가 될지도 모른다. 공인된 견해에 따르면, 혁명가들은 모두 질투에 의해 움직인다고 한다. 그러나 이러한 종류의 혁명가가 목적을 달성한 경우에도—그런 예는 많다—어리석은 이상주의자들이 그의 노고를 무너뜨린다. 그의 협력자들 중에는 반드시 새로운 질서에 관한 엉뚱한 전망에 사로잡힌 사람들이 있다. 그 스스로는 낡은 권력을 쟁취하는 것만이 목적이므로 그의 혁명은 대개 성공한다. 그렇지만 설사 승리자가 되더라도 결코 사정은 더 좋아지지 않는다. 질투의 신호를 너무나 잘 아는 그로선 자기보다 더 젊은 동지들의 눈에서 번쩍이는 빛의 의미를 몰라볼 리 없다. 일이 이렇게 되고 보면 그는 이전에 안전했을 때를 부러워하기 시작한다. 보다 보수적이며 개인주의적인 질투가도 같은 전철을 밟아간다. 질투의 열기로 온갖 방해물을 불태워버리면서 도리어 그는 통나무 오두막에서 백악관에 이르는 길을 개척할는지도 모른다. 그러나 존 블레인[1] 씨의 소설을 읽을 필요도 없이 최상층에는 괴로움이 기다린다.

어쩌면 질투가 사회운동의 원동력이 되는 경우도 있다. 그것은 또한 우리에게 사회적 독창성이 없는 탓이기도 하다. 왜냐하면 질투는 결코 창조할 수 없으며, 오직 모방할 뿐이기 때문이다. 질투심 많은 청년은 구애 경쟁에 참가한다. 또한 질투심 많은 처녀도 그렇다. 그리고 만약 그녀가 결혼에 만족하면 그녀의 질투는 단지 이웃 사람에게 지지 않으려고 허세를 부리는 매일 매일의 고통으로 바뀔지도 모른다.

이따금 야심가들은 이러한 직접적이며, 더 세속적인 여성 특유의 질투를 쩨쩨하고 속 좁다고 비웃는다. 하지만 이런 종류의 질투에는 아무리 웅대한 야심이라도 하찮은 스케일로 축소시키는 놀랄만한 힘이

---

[1] 존 블레인(John Braine, 1922~1987)—영국의 소설가. 작품에 〈상류 사회의 자리〉 등이 있다.

있다. 당신의 낯빛이 파랗게 질릴 때 그 직접적인 원인이 수상 관저에서 온 한 통의 편지 때문인지, '런던 타임즈'의 어느 면 때문인지, 중역실에서 인쇄한 사내 공고 때문인지 그런 것은 중요하지 않다.―아무튼 그때 지옥의 불빛은 당신의 창백한 얼굴을 비추고 있다. 만약 당신이 브라운을 축하하기 위해 발걸음을 옮긴다면 그 장소가 사병 식당이건, 장교 휴게실이건, 아니면 집 근처의 술집이건 그런 것은 중요하지 않다. ―아무튼 당신의 호탕한 웃음소리엔 저주 받은 자들의 괴상하게 메아리치는 비명이 깃들어 있다.

특히 야심적인 목사, 공무원과 노조간부가 이 질투라는 병을 가장 심하게 앓는 것 같다. 그러나 이 점은 어떻게 조명하냐에 달렸지 별 특별한 근거는 없다. 어쨌든 배우나 작가 같은 직업군의 사람에게는, 질투란 이미 일종의 풍토병이어서 그들의 삶 자체를 이 병에 적응시켜야 한다. 이러한 직업의 종사자들은 흔히 그 감정을 애써 숨기려 하지 않고, 기꺼이 더욱 맛깔스럽게 표현하려고 한다. 배우 휴게실에 외침소리는 대개 심각하게 받아들이지 않는다.―"아주 멋진 연기였어. 대박을 터트리겠는걸!" 하고 말하면서 그는 다른 배우들에게 윙크를 한다. 이 윙크는 일종의 은어처럼 칭찬의 말이 결코 진담이 아님을 공언함으로써 모든 사람들을 질투의 공범자로 만든다.

단순한 질투심에 사로잡힌 여성들—즉 입신출세의 경쟁에 뛰어든 여성이 아니라 탐욕스러운 아내들, 옷에 시샘이 많은 미인들, 명사를 초대하길 원하는 사교계의 여주인들—도 또한 소박한 지혜로써 성가신 순간들을 헤쳐 나가기 위한 그들만의 언어수단을 갖고 있다. 일부러 입에 발린 소리를 과장하거나, 아무튼, 일부러 자기의 질투심을 우스꽝스럽게 표현하는 일 따위는 그 가련한 질투자가 경멸의 대상이 되지 않기 위한 최선책이다.

"모자가 정말 멋있네요. 절대, 아첨이 아니에요. 내 얼굴을 잘 보세요. 이렇게 얼굴에 질투가 씌어 있잖아요." 이런 간단한 말이 추악한 진실에 어떤 매력을 입히는 것이며, 질투 받는 여자로선 상대편에게 이렇게 고통스런 감정을 품게 만드는 모자를 쓰고 있다는 사실에 약간의 부끄러움을 느끼게 할 수조차도 있다. 확실히 이 방법은 찡그리며 못마땅해 하는 얼굴이나 품위 없이 샐쭉해 있는 얼굴 사이에, 어찌됐건 간에 볼썽사나운 양 극단의 중간에 있는 유일한 해결책일지도 모른다.

어떤 사람들은 짐짓 속마음을 다 꺼내놓고 내보이려고 한다. 내가 아는 한 작가는 다른 작가들의 성공에 대해 늘 대놓고 이렇게 말한다. "지난주 일요서평에서 자네 책이 격찬 받은 걸 보고 나는 자네를 죽이고 싶었다네." 그러나 이렇게 말할 때에 찡그린 얼굴에 아무리 애교가 섞여 있어도 이와 같이 잔인한 몰상식적인 말은 억지로 꾸며낸 듯한 작위적인 느낌이 난다.

아무리 가벼운 것일지라도 노골적인 무례함은 오히려 숨기려고 하는 노력 이상으로 말하는 사람의 내면 갈등을 드러내놓고 만다. 일곱 가지 대죄 중에서 질투 이외의 경우라면 어떤 것이든지 말로써 나타났을 때 매력적으로 달리 들릴 수도 있다.—교만은 권리로, 분노는 정의로, 나태는 염세적인 권태로, 정욕은 남성의 필수품으로, 탐식은 유치한 어리석음으로— 그러나 질투만은 타오르는 질투의 불길에 장작을 더하는 일 이외엔 결코 아무런 공감도 얻지 못한다.

하지만 아무래도 나에겐 질투하는 사람을 동정하고자 하는 마음이 있다. 물론 이것은 내 자신의 질투심에 대한 동정을 얼마간 구하고 싶기 때문이다. 질투심이 없는 사람은 거의 드물며, 모든 작가는 한몫의 많은 질투를 가지고 있다. 그러나 나 자신만을 위해서 관용을 바라는 건 아니다.

'일곱 가지 대죄'는 모두 자기 파괴적인 병적인 욕구지만 정욕, 탐식, 탐욕, 나태는 적어도 각각 초기 단계에서는 어느 정도 정당성을 갖고 있으며, 분노와 교만은 결국엔 자기 파괴로 끝나더라도 아무튼 힘을 지니고 있다. 하지만 질투는 그저 무력하기만 하며 공포에 얽매어

더군다나 멈출 줄을 모른다. 그리고 한없이 자기 자신을 괴롭히는 일 이외엔 다른 정당한 존재 이유가 없다. 질투는 그저 추악하기만 하다. 마치 함정에 빠져 탈출하려고 발버둥을 치던 끝에 자기 발을 물어뜯고 마는 쥐처럼.

나태

이블린 워어

Sloth

Evelyn Waugh

'나태Sloth'라는 말을 현대인은 좀처럼 입에 담지 않는다. 어쩌다가 쓰는 경우, '게으름indolence'의 뜻에다 다소 무거운 느낌을 살릴 때이다. 물론 게으름이란 것은 대죄와는 동떨어져 있으며 가장 애교 있는 인간적인 약점의 하나에 지나지 않는다. 세계의 분쟁 대부분은 지나치게 바쁜 사람들 때문에 발생하는 듯싶다. 만약 정치가들이나 과학자들이 지금보다 더 게을러진다면 우리는 모두 훨씬 더 행복해질 텐데 말이다. 게으른 사람은 거의 모든 추악한 범죄로부터 자유롭다. 여가의 순수한 즐거움을 희생하여 애써 일하게 만드는 동기의 다수는 가장 저열한 것—교만, 탐욕, 경쟁심, 허영, 그리고 무엇보다도 권력욕이다. 그렇다면 어째서 나태가 대죄의 하나로서 그 가증할 여섯 동료들과 함께 한 자리를 차지한 것일까?

신학자들은 문필가들 중에서 최소한의 수사학적 기교만 쓰는 사람들이다. 그러나 그들의 어휘는 고심하여 만들어낸 정밀한 말이라서, 한 행위를 대죄로서 규탄할 때 그들은 단지 인상적인 어휘로써 비난을 표현한 것만이 아니라, 특유하고 오싹 소름이 돋는 무언가를 노린다. 그들이 말하는 대죄란 그것을 잘 알고 동의하면서도 신성한 질서를 유린하는 일이며, 만약 죽기 전에 참회하지 않으면 그 행위자는 영원히 구원을 상실하는 것을 뜻한다. 그러고 보면 성직자나 설교자는 무책임한 말을 지껄이는 작자들이라고 할 법하다. 이따금 우리는 충실한 신자들에게 '대죄를 범하게 되므로' 선거에 투표하라니, 유흥을 삼가라느니 하는 성명서를 보게 된다. 윤리신학자들은 이러한 발언에 지지하지 않는다. 실로 많은 사람들은 처벌이 이처럼 무시무시하고 조건이 이처럼 엄격하다면 지난날에 저질러진 대죄는 극히 드물 것이라고 생각한다. 다만 우리가 아는 일은, 지옥은 일부러 그곳을 선택하는 사람들을 위해 존재한다는 사실이다. 그러면 목욕탕에서 너무 오래 누워 있거나, 축하나 애도의 편지 쓰기를 자주 미루거나 하는 탓으로 우리가 지옥에 떨어져야 하는가? 물론 그렇지 않다. 그렇다면 종교적인 형벌의 극한이라 할 만한 이 나태란 도대체 무엇일까?

성 토마스의 대답은 위로와 함께 놀라움을 준다. tristitia de bono spirituali, 영적인 선을 무시하는 슬픔이란 것이다. 인간은 신을 사랑하는 기쁨, 신에게 봉사함으로써 나타나는 사랑을 위해 창조되었다. 만일 인간이 이 기쁨을 일부러 회피한다면 존재의 목적을 부정하게 된다. 나태의 출발점은 다만 의무의 태만에 있는 것이 아니라 (그러나 그것은 하나의 징후로 될 수 있지만) 기쁨의 거부에 있다. 그것은 절망과 결부된다.

자기 자신의 어떤 특별한 잘못 탓이 아니라, 전능한 신의 불가피한

변덕 때문에 언제나 저주를 받는다고 믿는 종교적인 우울의 병리학적 증상에 대해서는 잘 알려져 있다. 최근 몇 년 동안에, 캘뱅주의자의 웅변이 쇠퇴함에 따라 이러한 탈선은 그 종교적인 장식을 벗어던지려 하는 것처럼 보이지만, 비트족1)의 발언에는 이런 경향의 흔적이 있다. 그러나 이런 종류의 절망은 나태가 아니다. 나태란, 인간이 자기 구원의 올바른 수단이 무엇인가를 잘 알고 있으면서도 구원을 위한 모든 준비에는 권태와 혐오를 느끼게 되므로 그 수단을 거부하는 상태를 말한다.

어쩌면 사람은 이렇게 생각할지도 모른다. 그러한 상태는 드문 일이며, 스스로도 그럴 만한 가치가 없다고 여기는 특별한 종교적인 사명에 헌신하는 사람들 사이에서만 찾아볼 수 있을 뿐이라고. 세속에서 사는 사람들을 사로잡을 만큼 그렇게 치명적인 유혹은 아니라고.

60년 전 같으면 종교 전문지가 아닌 잡지에서 이것을 다룬다는 것은

---

1) 비트족(beat族)—비트 제너레이션. '패배의 세대'라는 뜻으로 로스트제너레이션의 뒤를 이은 세대를 말함. 제2차 세계대전 후 1950년대 중반 샌프란시스코와 뉴욕을 중심으로 대두된 보헤미안적인 문학가·예술가들의 그룹을 지칭하기도 한다. 그들은 현대의 산업사회로부터 이탈하여, 원시적인 빈곤을 감수함으로써 개성을 해방하려고 하였다. 사회적으로는 무정부주의적인 개인주의의 색채가 짙으며, 재즈·술·마약·동양적인 선(禪) 등에 도취되어 '지복(至福:beatitude)'의 경지에 도달하려고 하였다

현학적인 일이었을 테지만, 그러나 참 기묘하게도 현세대에 이르러선, 전적으로 신학적인 의미에서 '나태'한 인간이 연극이나 소설에서 보기 흔한 등장인물의 하나로 되었다. 프랑스, 영국, 미국에서 인기 있는 이들 심리 드라마의 주인공들—이따금 사제들일 때도 있다—은 '신앙을 잃었다'는 말을 듣게 된다. 마치 신앙이 우산 같은 외부 물건이어서 무심코 기차에 두고 올 수 있기라도 한 듯이. 그러나 사실 그들의 곤경은 그들의 불행한 증조부들이 치렀던 곤경과는 전혀 다르다. 그들의 증조부들은, 이 우주가 엿새 이상이 걸려 창조되었다는 그럴듯한 주장에 직면하여 스스로 믿고 있는 종교의 기초 전체가 거짓이라고 결단했었다. 그런데 새로운 배교자들은 역사적, 철학적 회의와 맞붙어 싸우고 있지 않다. 그들은 단순히 '영적인 선을 무시하는 슬픔'에 빠져 있을 뿐이다.

나태의 이러한 깊이를 가장 명백하게 표현한 대표작, 그리고 독자의 기억 속에 가장 신선하리라 짐작되는 작품은 그레이엄 그린[2]의 새 장편소설 '번아웃 케이스'[3]의 주인공 퀘리이다. 그는 탁월한 건축가인데, 숭배자들의 갈채에 신물이 났다. 숭배자들은 그의 업적을, 그가 더

---

2) 그레이엄 그린(Graham Greene 1904~1991)—영국의 소설가. 가톨릭 작가로 현대인의 불안과 허무를 묘사한 글을 썼으며 종교적·윤리적 주제를 추구하였다. 작품에 〈권력과 영광〉, 〈사건의 핵심〉, 〈제3의 사나이〉 등이 있다.

이상 마음을 다하지 않는 신에 대한 사랑의 선물이라고 주장한다. 그의 마음속에서는 다른 사람에 대한 사랑도 또한 죽어 있다. 무관심, 자기 연민, 허무감에 잠식당하면서 그는 중앙아프리카의 제일 깊숙한 피난처로 도망가려고 애쓴다. 거기엔 마침 나병환자 복지관이 있었다. 그리하여 그는 그곳에서 우습게 죽어간다. 그의 마음속에서 일어난 유일한 변화는 하인에 대한 사랑의 고통과, 무신론자인 의사의 권고로 오두막을 몇 채 신축하는 일에 관심을 품었다는 것뿐이었다.

작가의 의도는 그의 최근 작품이 대부분 그런 것처럼 모호하다. 신학자들이 회개로서 인정하는 의지행위를, 인간성의 이처럼 나약한 소란 속에서 인정하라는 것일까. 우리는 인간의 영혼을 비난해서는 안된다. 허구적 인물을 대상으로 우리는 자유롭게 사색할 수 있다. 그린 씨가 우리에게 제공한 사실에 따라서, 나는 쿼리는 죄를 저질렀으며 지옥에 있다고 말해야 한다. 그는 현대에 나타난 허구적 인물군 중에서도 비교적 큰 규모의 인물군에 속한다. 이 인물군이 오늘날 예술가들과 대중의 마음을 이처럼 사로잡고 있다는 사실은, 이 문제가 생각만큼 난

---

3) 〈A Burnt-Out Case〉—이 소설에서 주인공 쿼리는, 팔다리가 언제 잘려 나갈지도 모르는 상황에서 자신의 병이 사라져 버리기만을 기다리는 말기 문둥병환자처럼, 더 이상 사랑을 믿지도 못하고 사랑을 주지도 못하는 자신을 '번아웃된 사례'로 간주한다.

해한 것이 아님을 암시한다. 그러나 물론 내가 그린 씨를 나태한 사람이라고 비난하는 일은 있을 수 없다. 예술가는 흔히 대리체험을 표현한다. 가령 가장 에로틱한 문학 작품은 성적 불능자가 쓴 것이다. 정말 '나태'의 죄를 저지른 자가 그것에 관해 쓰기란 불가능하다. 왜냐하면 그에게는 '번아웃 케이스' 같은 장편소설을 쓰는 데 필요한 열정의 힘이 없기 때문이다.

신학자의 이른바 '나태', 전문용어로 말하면 'accidia 또는 acedia'에 대해서는 이만큼 말해두련다. 그런데 이와 같은 상태를 가리키는 순수한 고전적인 용어가 없는 것은, 그것이 고대인에게 알려져 있지 않았었기 때문이 아니라, 너무나 흔해빠져서 특별히 지칭할 필요가 없었기 때문이다. 기독교도의 기쁨이라고 하는 계시를 알기 이전에 우상 숭배의 몇 세기 동안 유럽은 나태에 깊이 빠져 있었다. 우상숭배가 되돌아온 오늘날 우리는 다시 이런 징후를 본다. 그러나 우리의 무감각하고 무관심한 동시대인을 앞에서 정의한 의미대로 나태하다고 비난할 수 있을까? 나는 비난할 수 없다고 생각한다. 왜냐하면 대다수 사람들은 국가에 의해 종교 교육의 혜택을 빼앗겼기 때문이다. '영적인 선'이라는 말은 그들에게는 전혀 낯선 것이며, 그들은 그 '영적인 선'이 무엇인지 전혀 모른다. 그리고 이 지식이야말로 대죄를 범함에 있어서 가장 중요한 것이다.

하지만 매우 유사한 비교대상은 몇 가지 있어서, 특히 겉보기에 수도원 생활과 거의 비슷한 군대에서 찾아볼 수 있다. 군인은 민간인들보다 훨씬 고도의 복종을 받아들이며 경우에 따라서는 더 큰 희생을 요구받는다. '불만투성이인', '잔인한' 군대는 '나태'의 한 전형을 보여준다. 게으르다고 나무랄 수 없는 패잔병들을 나는 본 적이 있다. 그들은 적을 피하기 위해 전력을 다하고 있었다. 더구나 그들은 공포에 질려 있지도 않았다. 그들은 단지 잘못 처리된 전투에 싫증나고 그 결과에 무관심해졌을 뿐이었다. 전쟁 중에 보급 상태가 나쁜 야영지나 주둔지에서는 군인들이 사태를 개선하기 위한 행동을 취하려 하지 않고 오직 무관심과 분노에 빠져 있었다. 거기에는 일종의 자포자기가 있어서, 그것은 이처럼 인식되지는 않았으나 본질에 있어서 신학적인 것이었다. 다만 상급 기관에서 하달하는 명령과 정치가에 대한 정당한, 또는 부당한 불평불만이라는 형태로 그것을 표현하고 있었던 것이지만.

게으름이 우리 자신을 지옥의 위험에 빠지게 하지는 않는다고 앞에서 말했다. 감금 상태에서 탈출하는 일이 유일한 목적인 불쌍한 군인처럼 불쌍한 기독교도의 유일한 목적은 지옥을 탈출하는 일이다.

교만

이디스 시트웰

Pride

Edith Sitwell

교만은 언제나 내가 가장 좋아하는 미덕의 하나다. 어느 특별한 경우 말고는 나는 이것을 대죄라고 생각한 적은 없다.

언어의 힘이 점차 허약해지고 악화되었으므로, 어떤 말은 오늘날 그 본래의 의미가 변하고 말았다. 교만이라는 말은 이따금 어리석고 무익한 허영심을 의미할 때 사용된다. 또 나는 단지 완고함의 결과인 교만에도 애정이 없다.

물론 용서할 수 없는 대죄가 될 만한 교만도 있다. 히틀러로 하여금 '나는 몽유병자의 확신을 가지고 걷는다.'고 말하게 한, 저 교만 말이다. 그러나 또한 사랑과 찬탄을 불러일으키는 교만도 있다. 이를테면 단테가 옛 스승 브루네토 라티니에게서 느낀 감정과 같은 것이다. 그는 '지옥에서조차 패자가 아닌 승자처럼 보인' 다는 것이다.

> …모든 피조물 중에서 가장 뛰어나며
> 가장 교만한 자가 빛을 기다리지 않음으로써
> 채 익기도 전에 떨어진 일…
> 　　　　　　　　　　단테 〈천국〉편 제19곡

이와 같은 비극적인 장엄함도 또한 그런 것이었다.

어디까지 사실인지 모르겠으나 어떤 위인이 (현시대 가장 훌륭한 위인들 중의 한 사람이) 자기의 정적政敵들은 (그들은 좀처럼 길을 양보하려 하지 않았을 뿐더러 온갖 형태의 진보를 완강하게 줄곧 방해했었지만) '사자의 마음을 지닌 조개 무리'라고 말했다고 한다. 나는 그가 그렇게 말했었기를 바란다. 만일 말하지 않았더라도 그렇게 말했다고 할 만한 가치가 있다. 왜냐하면 이보다 더 좋은 표현은 있을 수 없기 때문이다. 사자의 마음을 가졌거나 안 가졌거나 간에 나는 결코 하나의 조개였던 적은 없다. 나의 교만은 비록 크지만 지킬 수 없는 처지에서 물러나는 일을 금하는 따위의 것은 아니다.

나는 비웃음을 사는 일을 두려워하지 않는다. 모든 독창적인 예술가는 비웃음을 사기 마련이다. 그러나 때로는 나는 도리어 비웃는다. 그리고 상대방은 그것을 알지 못한다.

내가 한창 청춘이었던 무렵에, 로저 프라이 씨 (참 멋지신 분) 앞에 앉아서 초상화 몇 장을 그려달라고 한 일이 있었다. 점심을 먹기 위해 스튜디오에서 그의 집으로 갈 때 유독 우리의 옷차림이 많은 사람들의 관심을 끌었다. 로저 씨는 숱 많은 백발에 차양이 아주 넓은 펠트 모자를 쓰고 있었다.

나는 초록빛 이브닝드레스를 입고 있었다. 그 바람에 우리를 이리저리 뜯어보고 있었던 군중 속에서도 비교적 젊은 사람들이 물어댔다.

A: "그 모자를 어디서 샀지요? 그 실크해트는 어디서 샀어요?"
B: "아가씨가 이렇게 나다니는 걸 어머닌 아시나요?"

—그리고 친절하게도 우리의 옷차림은 11월에 훨씬 잘 어울릴 거라고 가르쳐주었다.

　11월 이야기가 나왔으니 생각나지만, 우리 할머니 론즈버러 부인은 정말 만만찮은 분이었는데 내가 기억하기론 자존심이 몹시 상하는 주역을 맡은 일이 있었다. 그 일은 저 좋은 날 11월 5일에 일어났다. 할머니는 론즈버러 사택 정원의 문 밖에서 붙든 딸들을 거느린 채 바퀴 달린 의자에 앉아 계셨다.

　한 젊은 목사가 아내와 함께 다가왔다. 할머니의 남다른 옷차림을 보고 불쌍한 생각이 든 그는 2페니를 할머니 무릎에 놓고 정원에 들어섰다. (그곳은 개인 소유의 정원이었다.) 이 선물은 고맙게 받아들여지지 못했다. 사실상 무서운 소동이 벌어져 그 선심을 베푼 사람은 정원에서 하인들에게 쫓겨 다녔다.

　나도 본래 내가 있을 자리가 못되는 처지에 놓이는 경우가 자주 있으나 항상 그 일을 즐겨왔다. 내가 스물두 살인가 무렵에 어느 굉장한 부잣집에 갔었다. 그날 오후 파티에서 노래를 부르기로 되어 있는 뛰어난 음악가 헬렌 루담 씨에게 피아노 반주를 해주기 위해서였다.

음악이 끝나자 나는 서둘러서 응접실을 빠져나왔다. 상류층 사람들과 함께 차를 마시기에는 어울리지 않는다고 생각되었기 때문이었다. 집사가 나에게 다가왔다.

"부디 저를 따라오세요, 아가씨"

어쩔 수 없이 나는 작은 방에 들어갔다. 하기야 그곳에는 정말 맛좋은 차가 나를 기다리고 있었지만—스물두 살 처녀가 즐겨 먹을 만한 것이라면 무엇이든지 있었다—머랭[1] 과자, 초콜릿 에클레어[2], 등등. 물론 나는 실컷 먹었다. 이윽고 집사가 다시 나타나자, 나는 응접실로 되돌아가서 헬렌 씨의 마지막 노래를 위해 반주를 했다.

작별 인사가 끝나기까지 잠시 산만한 대화가 오갔다.

"바라건대"하고 여주인의 딸이 말했다. "론즈버러 부인께서 저를 무도회에 초대해주실 거라고 생각해요." (론즈버러 부인은 우리 외숙모인데, 그 당시 런던의 귀부인들 중에서도 가장 유명한 사람이었다.)

---

1) 머랭(meringue)-설탕과 달걀 흰자위로 만든 과자 재료. 그것으로 만든 과자.
2) 에클레어(éclair)-가늘고 긴 슈크림에 초콜릿을 뿌린 것.

"전해드리지요." 나는 말했다. "론즈버러 경은 저희 외삼촌이에요. 저는 지금 외삼촌댁에 묵고 있거든요."

짧은 침묵이 흘렀다. 그러고 나서 우리는 헤어졌다.

그 뒤로 나는 다시는 그 귀하신 분들을 만난 일이 없다.

사랑의 한 형태일지도 모르는—어쩌면 사랑의 최고 형태 중에 하나일지도 모르는—교만이 허물어지는 일은 슬프다. 내가 네 살 때, 두 동생들이 태어나기 전에 나의 교만과 사랑은 레니쇼오 공작새에 집중되고 있었다. 이 사랑은 그 당시에는 보답이 있었다.

아침마다 아홉 시 정각에 (새나 짐승에게 정확한 시간 감각이 있음이 신기할 따름이다.) 공작새는 어머니 침실 밖에 있는 연판지붕 위에 올라서서, 내가 나타나 인사하기를 기다린다. 나를 보면 그는 날카롭게 반가움의 비명을 지른다. (나는 대체로 사나운 소리는 좋아하지 않는다. 그러나 이 경우엔 그를 무척 사랑했기에 개의치 않았다.) 그는 내가 어머니 방에서 나오기를 기다렸다가, 또 한 번 귀에 거슬리는 비명을 지르고 마당으로 뛰어내려 나를 마중한다. 우리는 넓은 정원을 돌아다닌다. 둘이서 팔짱을 낄 수는 없지만, 나란히 서서, 내 팔로 그의 아름답게 반짝이는 목을 안고 걷는다. 볏 때문에 그는 나보다 조금 더 키가 컸으나 그것만 없다면 우리는 꼭 같은 키였을 것이다.

유모가 나한테 말했다. "왜 그렇게 공작새가 좋으니?"

나는 대답했다. "공작새는 아름답고 또 훌륭한 볏이 있기 때문이에요."

— '공작새의 교만은 신의 영광'이라고 윌리엄 블레이크는 말했다.

이 사랑스럽고 순진한 로맨스는 몇 달 계속되었다. 그러다가 아버지가 공작새에게 아내를 얻어주었다. 그때부터 그는 나를 거들떠보지도 않았다. 자기 새끼들에게 꽁지깃을 펼치는 법을 가르치는데 푹 빠져 있었다. 공작새한테 버림 받고 나서, 내가 느낀 것은, 내 교만에 상처를 입었다고 생각하지 않는다. 상처를 입은 것은 나의 애정이었다.

참된 교만은 이 세상이 자기의 편의를 도모하기 위해 만들어졌다거나, 어떤 자기의 이론을 증명하기 위해 만들어졌다고 생각하는 인간의 어리석은 허영심과는 아무런 관계도 없다.

〈라벤그로〉[3] 속의 젊은 작가는 말한다. "이런 쓰레기 같은 이야기를 쓴다는 건 아주 잘못된 일이에요. 더군다나 그걸 출판한다는 건 더욱 잘못된 일이 아닐까요?"

"쓰레기라니요! 천만에"하고 출판업자가 대답한다. "매우 빼어난

---

[3] 조지 보로(George Borrow 1803~1881) 영국의 여행가, 언어학자, 산문작가. 그의 작품으로는 〈라벤그로 Lavengro〉, 〈집시의 친구 The Romany Rye〉등이 있다.

한 편의 사변철학입니다. 물론 세계 같은 건 없다고 하는 당신 말은 잘못입니다만. 세계는 반드시 존재해야만 합니다, 배梨 같은 모양을 하고 있기 위해서는. 옥스퍼드의 바보들이 말하듯 세계는 사과 같은 모양이 아니라 배처럼 되어 있다는 걸 나는 내 책에서 충분히 증명했어요. 그런데 세계라는 것이 없다면 대관절 내 이론은 어찌 되냔 말입니까?" (내 기억이 맞는다면, 〈The First Five Books of America〉이란 책에서 크리스토퍼 콜럼버스가 한때, 세계는 배처럼 생겼다고 믿었었다는 글을 볼 수 있다.)

실제 인물이랄까, 가공의 인물이랄까—기사 존 맨더빌[4]에 관한 주목할 만한 책에서 작가 말콤 레츠 씨는 중세 지리학자의 믿음에 대해 이야기한다. 즉 그들에게 있어서 '예루살렘은 세상의 중심이었다. ……맨더빌이 지구의 대척점에 관심을 가진 것은, 지구는 평평하다는 학설의 지지자들이, 만약 사실상 지구가 둥글다면 지구의 옆쪽이나 아래쪽에서 사는 사람들은 공간에 떨어지지 않더라도 옆으로 기울거나 거꾸로 뒤집혀서 살아가게 될 것이라고 시사했기 때문이다. …… 맨더빌이 넌지시 비췄듯이 만일 사람이 자기는 똑바로 걷고 있다고 생각한다면

---

4) 맨더빌(Mandeville, Sir John ?~?) 영국의 여행가·작가. 인도, 팔레스타인 등지를 여행한 자신의 견문 체험과 여러 여행가들이 쓴 글을 발췌하여 《기사 존 맨더빌 경의 여행기》를 남겼다.

실제로 그는 똑바른 길을 걷고 있는 것이다. 그것이 신의 뜻이다. 그리고 중요한 것은 그것뿐이다.' 이 유쾌한 제안은 교만의 실천에, 그리고 또한 자만의 실천에도 무한한 가능성을 주는 듯싶다.

올바른 교만이 결여되어 있는 경우도 역시 있다—그것은 추하고 악한 것이다. 추악한 비열이다.

블레이크는 말한다, '겸손은 교만의 외투에 불과하다'고.

나는 타고난 아첨꾼을 싫어한다.—예를 들면 찰스턴의 〈신프랑스사〉에 나오는 북아메리카 인디언 같은 사람들인데, 그들은 쥐들의 수호신을 달랠 바람으로 죽은 쥐를 애무하고 있더란 거였다.

에덴동산에서 뱀의 용납할 수 없는 간섭이 있었고, 하느님이 '너는 배로 기어다니라'고 명했을 때 확실히 뱀은 추악한 비열의 모습으로 살도록 선고받았던 것이다.

나는 인간의 교만을 실추시키는 어떤 짓도 경멸한다. 1959년 1월, 나는 신문에서 이런 기사를 보았다. 어느 도시에서 '사람을 8일간 우리 안에 가두고 사육제의 특별행사로써 공원에 진열할 계획을 위생위원회에 제출하기로 되었다. …… 그는 12입방피트의 우리에서 밤낮으로 살게 될 것이라는 보고가 도시의 사육제 위원회에 들어왔다.' 사육제 위원회의 서기는 말했다. …… '우리는 인간 원숭이의 역할을 맡을

지원자를 구합니다. 25파운드의 보수에 식사를 제공하며 주야 8일간 우리에서 지내야 합니다. 식사 시간은 동물원과 마찬가지로 우리 밖에 게시될 것입니다.'

이와 같이 인류의 긍지를 가증스럽게 타락시킨 일을 나로서는 어떻게 감정을 표현해야 할지 모르겠다.

또 미국의 어느 여배우에게 받쳐진 찬사를 상기할 수 있으리라. 한 비평가가 그녀에 관해 이렇게 썼다. '그녀는 뉴욕에서 센세이션을 불러일으킬 것이라고 나는 말하고 싶다. …… 그녀는 엎드려서 팔꿈치와 무릎을 부지깽이보다 더 곧게 편 채 네 발로 무대에서 퇴장했다.'

엎드려서 네 발로 걷는 일이 정말로 필요한 것일까?

우리는 괴테처럼 인간을 '자연이 신과 나눈 최초의 대화'로 여겨야 한다. 그리고 만약 이것이 우리에게 올바른 교만을 주지 않는다면 우리는 뱀처럼 기어 다닐 만한 가치밖에 없다.

교만은 나에게 따라다니는 죄일지도 모르나 또한 이것은 나에게 붙어 다니는 미덕이기도 하다. 나는 교만을 인류의 영광이라고 생각한다. 하느님이 욥에게 이야기한 말馬처럼, '내 목을 천둥으로 장식했다'고 생각하는 일은 나에게 기쁨을 준다. (위클리프는 이것을 '그 목에 울음소리를 두르고'라고 번역하여 뜻을 위축시켰다.) 확실히 나의 생애는 '트럼펫 가운데서 하아 하아' 하고 말하는 일로 살아온 것이다.

정당한 교만은 어떠한 예술 분야라도 예술가에게 필요하다. 오직 이것만이, 쉴 새 없이 지껄이는 것 말고는 자신에게 주의를 끌 수 없는 불행한 사람들의 공격이나 침입에서 예술가의 작품과 사생활을 구해 준다. 알렉산더 포프[5]는 편지에 이렇게 썼다.

'감히 나는 말하렵니다. 어떠한 사람도 인류의 조류를 거스르는 완강하고 집념어린 결의 없이는 작품의 완벽성에 도달하지 못한다고. 따라서 만일 세상 사람들이 학자의 노고에서 무슨 이익을 얻게 된다면, 그것은 본의 아니게 그렇게 되는 것입니다. 왜냐하면 사람이 맨 처음 자기 재능을 시험할 때에는, 일반 대중은 신출내기한테 편견을 품고 있으며, 경멸을 조금 벗어났을 때에는, 지난날 불행히도 그런 시험에 실패한 특정 부류의 사람들에게 단지 그가 성공했다는 이유만으로 불구대천의 원수가 되는 때문입니다.'

소크라테스가 어느 트집 잡기 좋아하는 사람에게 말했다. '당신 식으로 지껄이면서 살아가느니 내 식대로 말하면서 죽는 편이 낫겠소.'

---

5) 포프(Alexander Pope, 1688~1744) 영국의 시인, 비평가.

이것이 예술가의 정당한 교만이다.

이아고[6]는 모든 문학을 통틀어서 사악한 교만의 가장 위대한 축도라고 생각한다. 사악한 교만이 그의 요소이며, 풍토이며, 영원이며, 그의 존재 그 자체이다.

'만약 내 마음이 느끼고 있는 것 중의 단 한 방울이라도 지옥에 떨어진다면 지옥 자체가 모두 영원한 생명이 될 것이다……' 라고 제노바의 성녀 카테리나는 말했다. 영원한 생명은 신과의 결합이다.

이아고의 교만에서 떨어지는 한 방울은 전 지옥을 일으켜 하느님에게 반역하게 했을 것이다. 그러나 이아고의 그 한 방울은 감정이 없는 마음에서 떨어지는 것이다. 실제로 그는 그 괴로움과 천국의 기쁨을 거의 구별할 수 없었을 것이다. 왜냐하면 그는 저주 받은 인간은 아니기 때문이다. 그는 악마인 것이다.

셰익스피어의 많은 작품은 교만의 콧대를 꺾는 일과 관계있다. 이를테면 햄릿의 어느 대사처럼.

햄릿: 사람은 왕의 몸을 뜯어먹은 구더기로 낚시를 하고, 그 구더기를

---

[6] 이아고(Iago)—셰익스피어의 작품 오셀로에 나오는 음험하고 간악한 인물.

먹은 물고기를 먹을 수도 있겠지요.
왕: 무슨 뜻으로 하는 말인가?
햄릿: 아무것도 아닙니다. 다만 거지의 창자를 지나가는 순서를 말해봤을 뿐입니다.

햄릿 4막 3장

그러나 죽음은 겸손과 함께 교만도 가지고 있다. 시라쿠사[7]의 에피하르누스는 (기원전 485년부터 467년에 걸쳐 그 장년기를 보냄) 죽은 사람에 관해 이렇게 말했다. '나는 시체다. 시체는 똥이다. 그리고 똥은 땅이다. 땅은 신이다. 그러므로 나는 시체가 아니라 신이다.'

현대의 가장 위대한 시인 W. B. 예이츠는 겸손하게 교만에 관해 다음과 같이 노래했다.

오오 얼마나 달콤한 향기가 감돌았던가!
불모의 땅 테베에
또한 마레오티스 호숫가에

---

7) 시라쿠사(Siracusa) 이탈리아 시칠리아 섬에 있는 도시

저 의기양양한 안토니우스와
이천이 넘는 군대가
그 강기슭에서 굶주리며
말라가면서 뼈와 가죽만 남게 되었을 때
제왕들은 옥좌 이외에 무엇을 얻었는가?

분노

W. H. 오든

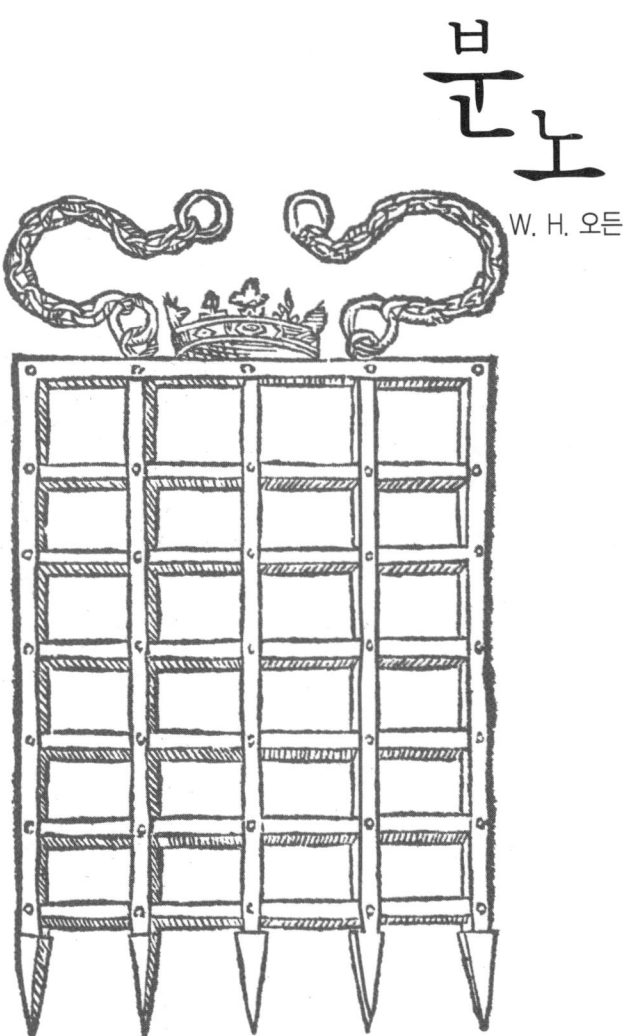

교만을 제외한 다른 모든 죄처럼, 분노는 교만 때문에 생긴 일종의 도착증상이다. 즉 우리의 본성에 들어 있는, 그 자체로선 무죄인 어떤 것, 우리 존재에 없어선 안 되는 어떤 것, 어떤 선한 것에 대한 도착증상이다. 따라서 모든 사람은 같은 방법으로 교만해지는 반면에, 우리 각자는 자신의 방식대로 분노하거나 육욕을 탐내거나 질투하거나 한다.

자연스러운 분노, 또는 죄가 없는 분노란, 어떤 동물이 다른 동물의 공격으로 생존에 위협을 받을 때에, 그리고 도망침으로써 자신을 (또는 자기 자식을) 구할 수 없을 때에 생기는 필연적인 반응이다. 이러한 분노는 아드레날린의 분비 증가와 같은 생리적인 변화를 동반하며, 공포심을 억제하고 공격 받은 생물이 자기 사멸의 위협에 저항하는 것을 가능하게 한다. 아직 자신을 스스로 돌볼 수 없는 어린 동물인 경우에 분노는 자기 요구가 무시당했을 때 필요한 감정이다. 굶주린 갓난아기는 울어대는 권리를 행사한다. 자연스러운 분노는 반사적인 반응이며 자유의지에 따른 것은 아니다. 그것은 위협이나 위험 같은 실제상황에 대한 반응이며, 위협이 제거되자마자 분노는 가라앉는다. 어떤 동물도 자신의 분노로써 태양을 지게 할 수 없다. 더욱이 로렌츠[1]의 연구 성

---

1) 로렌츠 [Konrad Lorenz, 1903.11.7~1989.2.27] 오스트리아의 동물학자 · 동물심리학자.

과에 따르면, 사회적 동물 사이의 투쟁에서, 약자가 강자의 처분에 맡겨질 때 약자는 복종하는 자세를 취함으로써 강자의 공격성을 억제시킨다.

분노는, 비록 죄 많은 분노의 경우일지라도 한 가지 미덕이 있다. 즉 분노는 나태를 극복하게 한다. 이를테면 학교 교사나, 무대감독이나, 오케스트라의 지휘자나, 다른 사람에게 뭔가 가르치는 일을 하는 사람이라면 누구든지 아랫사람들에게 최선을 다하게 하는 가장 빠른—아마도 유일한—방법은 그들을 화나게 하는 일이라는 걸 알고 있다.

죄로서 분노는 쓸데없거나 (사람은 자기가 처한 상황을 바꿀 수 없으며, 또한 바뀔 일도 아니다. 받아들여만 한다), 불필요하거나 둘 중에 하나다 (그러한 상황은 분노 없이도 또한 극복될 수 있다. 또는 더욱 훌륭하게 극복될 수 있다). 사람은 잠재적으로 분노의 죄를 저지를 가능성이 있다. 왜냐하면 사람에게는 기억력이 있으며—한 가지 사건의 체험은 지속한다—또한 상징화의 능력을 갖추고 있기 때문이다. (사람에게는, 어떤 사물이나 사건도 단순히 그 자체만으로 존재하지 않는다) 사람은 현실적으로 분노의 죄를 저지른다. 왜냐하면 사람은 무엇보다도 먼저 교만의 죄에 떳떳하지 못하기 때문이다. 분노는 그것의 수많은 가능한 표현들 중에 하나이다.

모든 인간은 각자 독자적인 입장에서 세계를 보기 때문에, 자신을 그 중심으로 간주할 수 있고, 또 간주하고, 그렇게 결정한다. 분노의 죄는 어떤 위협에 대한 반응의 하나이지, 우리의 존재 자체가 아니라 우리가 다른 사람이나 그밖에 다른 존재들보다 중요하다는 생각에 대한 것이다. 우리는 누구든지 전능하기를 바라진 않는다. 왜냐하면 저마다의 욕망은 한계가 있기 때문이다. 우리는 다른 사물, 다른 사람들이 각자의 고유한 행동 방식으로 존재함을 기뻐한다.—만약 그렇지 않다면, 인생은 무척 따분하리라—다만 그들이 우리 자신의 방식을 훼방 놓지 않는 한에서. 이와 마찬가지로, 우리는 다른 사람이 할 수 없어서 우리의 욕망에 따르는 것을 원하지 않는다—만약 그렇게 된다면, 인생은 너무 쓸쓸하리라—그러나 그들이 스스로 원해서 우리의 욕망에 따르기를 바란다. 즉 우리는 헌신적인 노예를 원한다.

내가 자라난 영국 중산층의 교양은 분노의 공공연한 육체적인 표현에 강하게 반대했다. 차라리 탐식이나, 육욕이나, 탐욕 등이 훨씬 더 용인되었다. 따라서 나는 너무 흥분한 나머지 스스로 무엇을 하고 있는지 모를 만큼 화를 낸 일이 없다. 적어도 어렸을 때부터 누군가를 육체적으로 폭행하거나 물건을 집어던지거나 양탄자를 물어뜯거나 해본 적은 결코 없었다. (때때로 문을 쾅 닫아버린 일은 있다.) 또 다른 사람

이 그런 짓을 하는 것을 자주 본 것도 아니었다. 따라서 분노에 관해 생각할 때, 내가 가지고 있는 사실의 대부분은 자기반성에서 얻은 것이어서 다른 사람들한테는 쓸모없을지도 모른다. 그렇지 않으면 그것은 문학에서 획득한 것이다. 때론 문학은 진실보다는 극적 효과를 중시한다. 현실 생활에서 분노의 발작은 결코 리어왕이나 코리올라누스나 타이먼[2]의 그것같이 흥미롭지는 않다.

  내 자신의 경우에—심리학적인 해석은 전문가에게 맡겨야 한다—다른 사람보다도 사물이나 특정 개인과 관계없는 일반적인 사건이 더 쉽게 나의 분노를 일으켰다. 나는 다른 사람이 내 의도대로 행동하리라고 기대하지 않는다. 남이 내 뜻대로 움직여주지 않더라도 별로 화낼 일은 아니다. 그런데 이에 반해서 나는 신이나 운명이 나에게 은혜를 베풀어주기를 기대한다. 카드놀이에서 상대가 나보다 솜씨가 좋아서 지는 경우엔 상관없으나, 내 서툰 솜씨로 어쩔 수 없이 지는 때엔 격노한다. 길을 건너려고 할 때, 교통 신호가 마침 친절하게도 푸른 불빛으로 바뀌지 않으면 나는 화를 낸다. 레스토랑에 들어가서 사람으로 붐비면 나는 화를 낸다. 즉 나의 분노는 다음과 같은 상황에서 가장 쉽게 터진다. ⓐ 내 취미에 맞지 않는 경우, ⓑ 나로선 바꿀 수 없음을 내가

---

[2] 셰익스피어의 희곡에 등장하는, 그 주인공들.

아는 경우, ⓒ 한 개인에게 책임을 지울 수 없는 경우 등이다.

  이 마지막 조건이 제일 결정적이다. 나는 다른 사람이 제 시간을 지키기를 바라고, 또 기다리는 일을 싫어한다. 하지만 예를 들어 나를 만나기를 성가셔 하는 사람이나 자신의 관록을 내보이려는 이유로 일부러 나를 기다리게 하는 사람의 경우에는, 성격상 시간을 지킬 수 없는 사람의 경우보다 훨씬 적게 화를 낸다. 첫째 경우에는 나에게도 얼마간 책임이 틀림없이 있으리라 생각한다.—만약 과거에 내가 다르게 처신했었다면 그는 나를 기다리게 만들지 않았으리라. 그리고 나는 희망적으로 생각한다.—아마도 장래에 나는 우리 관계를 변화시킬 수 있도록 행동할 것이고 그는 다음엔 시간을 지킬 것이다. 둘째 경우에는, 지각하는 것은 그 사람의 본래 성격이며 인간관계와는 상관없다는 것을 안다. 시간을 지키기 위해선 그 사람은 숫제 딴 사람으로 다시 태어나야 한다.

  운명이 내가 바라는 대로 움직여줄 것이라는 내 터무니없는 기대는 너무나 뿌리 깊은 것이어서, 예기치 않은 사건에 대한 나의 직접적인 반응은, 심지어 그것이 유쾌한 뜻밖의 일일지라도, 분노다.
  영국의 중산층 사이에선 억압된 육체적인 폭력은 논쟁으로 대체한다.

어느 문화권에 속하는 사람들(예컨대 학자들이나 성직자들)은 육체적으로 온순하면 할수록 혀는 더욱더 잔인해진다.—콤프턴버넷[3]양의 소설에 나오는 가족들이나, 장차 이용할 목적으로 신랄한 단평을 쓰고 있는 하우스만 교수 등이 생각난다.

  육체적인 공격에 비교하여 말로 하는 공격은 한 가지 장점이 있다. 이것은 희생자가 눈앞에 있는 것을 필요로 하지 않는다. 어떤 사람을 뒤에서 헐뜯는 일은 적어도 면전에서 하기보다는 좋다. 그 반면에, 지적이며 재능도 있는 사람들에겐 여기에 두 가지 큰 도덕적인 위험이 있다. 첫째, 말로 하는 악의에 기지가 넘쳐 있다면 그 화자는 사회적 승인을 얻을 수 있다.(호의적인 비평이 거의 언제나 악의적인 비평만큼 재밌지 않은 것은 무엇 때문일까?) 둘째로, 말로 하는 악의의 경우에는 나쁜 감정이 순진한 상상력의 작용과 결합되는 법이므로 악의 있는 인간이 자신의 나쁜 감정을 잊을 수 있다. 반면에 육체적인 폭력을 휘두르는 사람은 그렇지 못하다. 하지만 그의 청중은 그렇게 쉽사리 속지 않는다. 두 사람이 거의 비슷한 비평을 하는 수도 있을지 모르나

---

3) 콤프턴버넷(Ivy Compton-Burnett, 1892~1969) 영국 소설가. 지방 상류 가정의 죄와 악 따위를 풍자적으로 묘사하였다. 작품에〈목사와 주인〉, 〈형제와 자매〉 등이 있다.

우리는 곧바로 알 수 있다. 한 사람은 단지 즐기고 있을 뿐이며, 다른 한 사람은 남들을 모욕하고자 하는 강박감에 사로잡힌 욕망을 품고 있다.

시몬느 베유[4]는 이전에 심한 편두통을 앓았을 때 다른 사람들의 머리를, 즉 그녀 자신이 고통을 느꼈던 곳과 같은 부위를 힘껏 때려주고 싶은 충동을 느꼈었다고 썼다. 확실히 잔혹한 행위의 대부분은 이런 종류의 것이다. 우리가 다른 사람들을 괴롭히는 것은 우리 자신의 괴로움을 제거할 수 없기 때문이다.(물론, 이 괴로움은 육체적인 것일 필요는 없다.) 우리들 자존심에 대한 위협은 어떠한 것이든지 한평생의 분노를 빚어내기에 충분하다. 그리고 우리들 대부분은 모름지기 평소에 의식하는 것보다도 훨씬 커다란 분노를 지니고 있다. 나는 스스로 잔혹함을 미워하는 친절한 마음의 소유자라고 생각하고 싶다. 그리고 왜 내가 친절해서는 안 되는가? 나는 어렸을 적엔 사랑을 받았다. 다른 사람한테서도 사회에서도 심각한 피해를 입은 적은 결코 없다. 게

---

4) 시몬느 베유(Simone Weil 1909~1943) 프랑스의 철학자. 제2차 세계대전 때에 레지스탕스에 참여했으며, 프랑스와 영국의 사회사상에 영향을 미쳤다.

다가 무척 건강하다. 하지만 때때로 나는 냉대하고픈 듯한 욕망을 내게서 불러일으키는 남자나 여자를 만난다. 그들은 언제나 전혀 무해한 사람들이며, 육체적인 매력도 없고(나는 내 감정에서 성적인 사디즘의 한 요인도 찾아낼 수 없다), 무력하다. 나는 부끄러움을 느끼며 인정하지만 나의 악의를 끄집어내는 것은 그들의 무력함이다. 여기에 내가 무슨 짓을 하건 대들려고 하지 않는 어떤 사람이 있다. 이상적인 희생자다. 따라서 나는 진심에서 나오건 상상에서 나오건 간에 삶에 대한 내 모든 분노의 배출구를 여기에서 찾아낸다.

만약 고통을 동전처럼 한 사람에서 다른 사람에게로 옮겨놓는 일이 정말 가능하다면, 그것을 도덕적으로 용인할 수 있는 상황도 있을 수 있다. 그리고 만약, 아무리 잘못되었더라도, 그 일이 가능하다고 우리가 믿는다면, 잔인한 행위는 가끔 용서받을 수 있을는지도 모른다. 우리는, 우리가 받았던 고통을 적어도 얼마간 더 큰 고통으로 되돌려주지 않고서는 견딜 수 없다. 이러한 사실이야말로, 괴로움을 다른 사람한테로 옮겨놓는 일이 가능하지 않다는 증거이다.

고통의 양도가능성이라는 잘못된 믿음은 형벌응보주의의 기초를 이룬다. 형벌의 위협은 범죄를 억제하는 효과가 있다거나, 형벌을 주는 일에는 교정적인 효과가 있다거나 하는 생각에는 거의 아무런 증거도 없다. 따라서 여타의 형벌론을 진지하게 생각하는 일은 불가능하다.

권력자들이 느끼는 분노, 그들로 하여금 처벌하는 일에 몰두하게 만드는 분노는 가끔 어린애의 부모나 개 주인 등에서 관찰할 수 있는 경우처럼 불명예스러운 종류의 것이다. 그것은 범죄자가 범죄를 저지름으로써 지배자에게 보이는 불손에 대한 분노이다. 권력자들의 눈으로 본 진짜 죄란 잘못을 저질렀다는 점이 아니라, 금지한 일을 범했다는 사실이다.

'정의의 분노'라는 것은 모호한 말이다. 분노의 죄는 비겁이나 나태에 비해 사악함의 정도가 보다 덜한 경우도 있다는 것 이상의 뜻을 지니고 있는가? 어떤 사태나 어떤 인간의 행동이 도덕적으로 나쁘다는 것은 나도 안다. 그것을 끝장내기 위해선 무엇을 해야 하는지도 안다. 그러나 분노하지 않으면 나는 행동을 취할 용기와 정력을 불러일으킬 수가 없다.

정의의 분노는 사악에 효과적으로 저항하고 이것을 멸망시킬 수 있다. 그러나 정력의 원천으로서 그것에 의지할수록 사람은 사악이 제거된 뒤에, 그것을 대신할 선에 대해 정력과 주의력을 기울이기 어려워진다. 공명정대한 싸움이라는 것은 있었으나 공명정대한 평화라는 것이 지난날에 없었던 이유는 거기에 있다. 그리고 괴로워하는 것은 정복된 자만은 아니다. 히틀러가 망한 뒤에 아주 자제심을 잃어버린, 열성 반나치주의자를 나는 몇 사람 안다. 증오의 대상인 히틀러가 없어졌을 때 그들의 생활에도 존재 이유가 사라졌다.

'죄는 미워하되 사람은 미워하지 말라' 과연 이것이 가능할까? 내가 미워하는 악의 행위란 나 자신이 저지를 수 있는 일이라고는 도저히 상상할 수 없는 그런 종류의 것이다. 나는 개인적으로 그들한테서 고통을 겪지 않았지만, 헤스[5]나 아이히만[6] 같은 인간의 행위를 쓴 글을 읽으면, 내가 그들을 좋아하지 않는다는 점은 확실하다. 그렇지만 그들을 미워하기엔 그들의 마음이 너무나 이해하기 어렵다. 이에 반해서, 내가 무슨 부끄러운 짓을 했을 때, 나는 자기 자신을 미워하지만 내가 한 짓을 미워하는 것은 아니다. 만약 내가 그 행위를 미워했다면, 그런 짓을 하지는 않았으리라.

오늘날 성직자들은―나는 영국 국교회의 일을 생각한다. 그것이 내가 가장 잘 아는 교회이므로―교회가 지옥이니, 신의 노여움이니 하는 것에 의미하는 바를 우리에게 설명하는 일을 피하지 않았으면 싶다.

---

[5] 루돌프 헤스(Rudolf Hoess 1900.11.25.~1947.4.16.)―나치스의 고위급 당원이자 SS(친위대) 대원이었으며, 아우슈비츠 수용소의 소장.
[6] 아이히만(Eichmann, Karl Adolf 1906~1962)―독일 나치스의 친위대 중령. 제2차 세계대전 중 유대인을 대량 학살한 책임자.

교회는 이제 그런 것을 믿지 않는가, 아니면 온전한 인간으로선 믿기 어려울 듯싶은, 도덕적으로 보아 기괴하기 짝이 없는 교의를 받들고 있는가 하고 대중은 생각하기 쉽다.

신학상의 정의가 유추적일 수밖에 없음은 당연하지만, 그러나 교회가 과거에 지옥을 위해서 이용한 유추를 형법에서 끄집어냈음은 실로 불행한 일이었다. 형법은 부과된 법이다.—어떤 사람들이 전혀 하지 말아야 할 것을 함으로써 생긴다. 그리고 그 법의 목적은 힘과 공포로써 사람들의 행위를 강제하는 데 있다. 법은 항상 깨질 수 있다. 권력자들에게 탐색하고 처벌하는 힘이 없어지지 않는 한, 또한 즉시 행동할 결심이 없어지지 않는 한, 그것은 무력하다

신의 법이 부과된 것이라는 생각은 어리석다. 즉 교회가 지옥이라는 것으로 말하고자 하는 바를 대중이 어떻게 이해하고 있느냐에 대해서는 대충 다음과 같이 말할 수 있다. 신은 전능한 경찰관이며 우리가 저지른 온갖 죄를 알고 있을 뿐만 아니라, 우리가 저지르려고 하는 온갖 죄에 대해서도 알고 있다. 그러나 약 70년 동안 그는 아무런 대책도 세우지 않은 채 모든 인간이 자기 마음대로 죄를 저지르도록 놔둔다. 그러다가 갑자기 그를 체포한다. 그리고 대부분의 경우 죄인은 영원한 고문의 유죄판결을 선고 받는다.

이와 같은 묘사엔 호소력이 없지는 않다. 옳건, 옳지 않건 우리의 적들이 이 지상에 푸른 월계수처럼 창궐하는 일을 아무도 보기 원하지 않는다. 그러나 이것을 기독교적이라고 할 수는 없다. 어떤 관념론적인 사람들은 이런 유추를 받아들이면서도 영원에 대해 시간의 한계를 주고자 애썼다. 결국은 악마도, 지옥에 떨어진 인간도 마음을 고쳐먹으리라고. 그러나 이것도 또한 마찬가지다. 신이 세계를 만드셨다. 세계를 좋게 만들기 위해 나중에 신을 모셔온 것은 아니다. 만약 신의 사랑이 강제적인 것이며 일방적으로 인간의 의지에 영향을 주는 것이라면, 최초의 순간부터 그 사랑을 다하는 일에 실패했다는 사실로 보아, 이 세상의 온갖 괴로움과 악에 대해선 신에게 직접적인 책임이 있는 셈이다.

만약 신이 세계를 창조하셨다면 정신생활의 법칙은 물리학이나 생리학의 법칙—이에 대해 도전할 수는 있으나, 깨뜨리는 못한다—과 마찬가지로 우리의 자연 법칙이 되어야 한다. 내가 창문에서 뛰어내리거나 술을 과음하거나 해도 중력 법칙이나 생화학 법칙을 깨뜨렸다고 할 수 없다. 또 내 부러진 다리뼈나 숙취를 분노한 자연이 준 형벌이라고 할 수도 없다. '윤리학은 세계를 다루지 않는다. 윤리학은 논리학처럼 세계의 조건임이 틀림없다'고 한 비트겐슈타인의 말처럼. 신의 분노에 대해 말하는 일은 신 자신이 분노하고 있음을 의미하지 못한다. 그것은 사랑하고 행복하게끔 창조된 피조물이 정신의 자연법칙에 도전할 때 느끼는 불쾌한 경험이다. 하나의 가능성으로써 지옥을 믿는다는 일은, 신은 우리들에게 억지로 사랑하게 하거나 행복하게 하거나 할 수는 없으며, 원하고 있지도 않다는 것을 믿는 일이다. 나에게 생각나는 유추는 신경증의 그것이다.(물론 이것 또한 오해를 받을 수 있다. 왜냐하면 요즘엔 자신의 태도가 신경증 때문이라고 말하면 그 이유로써 도덕적인 책임을 면한다고 생각하는 사람이 많기 때문이다.) 예컨대 신경증 환자나 알코올 중독자는 행복하지는 않다. 뿐만 아니라 몹시 괴로워하고 있다. 그러나 환자의 동의를 얻기 전에는 아무도 그의 괴로움을 덜어주지는 못하며, 또한 당사자는 대개 동의하려고 하지 않는다. 그는 끝까지 괴로움을 주장한다. 왜냐하면 그의 자아는 현실에 직면하는 고통과 치료에 수반되는 자존심의 감소를 견딜 수 없기 때문이다.

만약 어느 영혼이 지옥에 있다고 하면, 그것은 영혼이 거기로 보내졌기 때문이 아니며, 지옥이야말로 그 영혼이 언제까지나 있기를 주장하는 장소이기 때문이다.

정욕 情慾

크리스토퍼 사이크스

Lust

Christopher Sykes

최근에는 성애 행위를 매우 직설적인 말로, 더구나 상세하게 묘사해도 괜찮은 듯싶지만 정욕을 화제로 삼는 일이 그만큼 쉬워졌다고는 할 수 없다. 사실상 더더욱 힘들어졌다. 왜냐하면 이러한 노골적인 말의 대부분은 성에 대한 조롱이 깃든 말이며, 따라서 그 사용 범위를 넓히려 하면 편리한 사회적 관례를 그만큼 약화시키기 때문이다. 그럼에도 나는 관례에 충실할 생각이니 고풍의 설교 형식에 따라 먼저 기도부터 올리련다. "위선과 소심함이란 두려운 유혹을 이기게 하소서."라고.

이 유혹은 실재적이며, 또 점잔 빼는 사람으로만 한정되지도 않는다. 일곱 가지 대죄 중에서 정욕은(극소수 예외를 제외하면) 모든 인류가 많건 적건 간에 경험이 있는 유일한 죄다. 사람들은 대체로 이 쑥스러운 사실을 인정하지만 특별히 인정하지는 않는다. 심지어 '대놓고 솔직하게 말하는' 것을 자랑으로 삼는 시대조차도, 사람들은 자기에게 불륜이나 성적 도착의 경향이 있음을 은연중에라도 말하지 않으려고 대개들 조심한다. 그러므로 가장 진보한 사회에서도 정욕을 주제로 하는 글이나 대화는 허위로 가득 차 있다. 그러나 "정욕은 나로선 이해할 수 없는 악덕이다"라고 말한다면 이 말 역시 지나치다. 이런 태도는 어떤 사회에서도 받아들여지지 않는다. 따라서 사람들은 위선에서 소심함으로 도망치려 한다. 모든 인간은 잠재적으로 음란하며,

상당수가 실제로 그렇다.

　여기서 커다란 의문이 생긴다. 만약 이 악덕, 또는 이 악덕으로 이끌리는 본능이 그만큼 보편적이라면, 도대체 왜 그것을 악덕이라고 비난해야만 하는가? 대죄의 하나로 뽑힌 것은 고사하고, 그것을 죄라고 생각하기까지 해야만 하는가?

　내가 아는 한, 정욕을 죄라고 비난하는 사고방식에는 두 가지 유서 깊은 반론이 있다. 하나는 종교적인 금지 자체를 인간 정신의 케케묵은 발달 단계에 속한다고 보는 의견이고, 다른 하나는 종교를 존중하고 지켜야 하지만 종교적 가르침에는 현실과 맞지 않는 부분이 있다고 생각하는 견해이다.

　첫째 주장은 대체로 다음과 같다―정욕에서 벗어나기 위해서는 부자연스럽게 강한 의지력이 필요하다. 이 의지력이 자연적 성향에 반한다는 사실은 필연적으로 해로운 심리적인 긴장을 초래하며, 자주는 아니더라도, 성 이외의 영역에서 동물적인 만족을 구하려고, 예를 들면 싸우기 좋아하거나 폭력을 휘두를 수 있다. 이런 행위들은 상상으로 음란의 죄를 짓는 일보다 훨씬 더 해롭다.

　더욱이 성의 자유를 악으로 보는 일은 자연의 질서를 악으로 보고, 신이 창조한 세계의 아름다움을 부정하는 짓이다. 따라서 만일 당신이

신을 믿는다면 그 창조자의 선과 완벽을 부정하는 셈이다. 이것은 생명을 거부하는 신성 모독이다.

두 번째는, 종교적인 금지를 일반적으론 인정하지만 교회의 가르침에서 정욕을 너무 크게 다루는 일엔 반대한다는 주장이다. 그리고 앞서 말한 주장처럼, 대단한 의지력을 요구한다는 것은 지나치다고 비난한다. 정숙한 삶을 살아가려는 노력에서 비록 승리하더라도, 어지간한 행운이 아니고서는, 그 노력에 모든 도덕적인 에너지를 소모하고 만다. 그에겐 또는 그녀에겐 이미 네 이웃을 네 자신처럼 사랑하라는 '최초이자 가장 큰 계명'을 실천할 여력은 남아 있지 않다. 그러므로 교인으로서는 올곧은 사람이 축복 받지 못한 평판과 무정한 마음을 지닌 예는 결코 보기 드문 현상은 아니다. 이는 신약성서의 가르침에서 가장 동떨어진 사람이 아니겠는가? 이러한 견해에서는, 기독교의 도덕적 가르침을 버려서는 안 되겠지만, 성적 과실의 죄를 과도하게 역설하는 일은 잘못이라고 보게 된다.

이상의 두 가지가 종교적 금지에 반대하는 가장 일반적인 주장이다. 찬성하는 편에는 어떤 의견이 있을까? 성의 자유를 반대하는 일반론에 따르면, 앞서 말한 두 가지 주장은 성 본능을 과소평가했거나 과대평가했다는 것이다. 먼저 과대평가 쪽을 살펴보자. 성이 인간 활동의

주동력이며 따라서 의지로 그것을 지나치게 굴복시켜서는 안된다고 하는 통설은 현대 심리학 이론을 범속화한 것에 불과하며 일상의 증거는 결코 이런 주장과 일치하지 않는다. 비록 신문기사감은 아니나 다수의 사람들, 모르긴 몰라도 절대 다수의 사람들은 법이 허용하는 테두리 안에서 성생활 하는 것에 만족하는 듯 보이며, 잘 순응된 사람들이 해로운 부작용 없이 완전한 금욕 생활을 실천하는 예도 결코 드물지 않다. 독신 목사나 수녀들의 추문은 극히 예외적인 경우이다.

금욕이 성 이외의 비행을 일으킨다고 하는 사고방식도 그다지 자명한 진리에 의거한 것은 아니다. 합법을 가장한, 또는 법률을 위반한 범죄자들은 물론 예외는 있지만 남다르게 정숙해 보이지는 않는다. 그러므로 성의 억압이 범죄의 주요 원인이라고 가정할 이유는 전혀 없으며, 또한 성의 해방이 모든 잔인한 충동을 없애고 평화와 더없는 행복을 누리며 사는 지상낙원을 이루리라는 가정도 전혀 근거가 없다. 스칸디나비아의 여러 나라나 일본처럼 (일반적인 기준으로 보아) 성적으로 자유라고 할 수 있는 몇몇 나라들에서도, 인간의 행복이니 도덕이니 하는 어려운 문제가 자동적으로 해결되지 못한 듯싶다. 한 가지 분명한 사실은, 성의 자유는 그다지 썩 좋은 해결책은 되지 못한다는 것, 또는 문제가 해결되면 적어도 그만큼의 새로운 문제를 일으킨

다는 점이다.

　여기에서 성 본능의 과소평가에 반대하는 주장이 생긴다. 이 반대론은 역사 이전부터 있는 소박한 견해인데 흔히 신학 용어로 설명된다. 세속적인 말로 말하면 대충 다음과 같다. 인간은 다만 인간 자격을 잃지 않기 위해서라도 많은 동물적인 욕망의 일부를 질서 있게 억제하지 않으면 안된다. 밧줄에 묶인 동물처럼 그는 물론 구속에 반항하겠지만, 이 반항의 욕망 역시도 억누르지 않으면 안된다. 전면적인 억압을 결코 강요할 수는 없으나, 만일 종교나 세속적인 율법이 부분적으로나마 억압하는 것을 거부한다면 해방 운동가들이 예상하는 것보다 훨씬 큰 것을 거부하는 결과가 된다. 왜냐하면 억압이라는 관념 자체에는 인간도 단지 동물에 불과한가, 아니면 그 이상의 존재인가 하는 심대한 문제가 포함되어 있기 때문이다. 오늘날 문명 생활의 조건은 정욕에 관한 이러한 견해에 새로운 논거를 제공한다.

　동서고금을 막론하고 정욕의 발산은 남성만의 권리라고 생각되었으며 여성에게는 가혹한, 때로는 무시무시한 형벌로써 금지되었다. 그러나 지금은, 여성 해방과 더불어 이러한 성의 불평등은, 비록 아직 사회 통념으로 여전히 용인되고 있으나, 차츰 지지하기 어렵게 되었다. 남자만의 특권이었던 재미 보는 일을 이젠 여자도 당연한 권리로서 주장할 수 있으며, 또 자주 주장한다. 어느 유명한 프랑스 여성작가는 이 문제의 논리적 귀결로써 여성 고객을 위한 사창가를 공인해야 한다고 주장한다. 이러한 제도 없이는 양성 평등은 한낱 눈속임에 지나지 않는다고 역설한다. 어지간한 일엔 놀라지 않는 사람들도 이런 주장엔 당황스러워 하겠지만, 어쩌면 당황해하는 그 이유의 하나는 여기서 금욕주의적 입법에 찬성하는 주장의 근거와 성해방론의 뜻밖에 결론이 명백해졌기 때문이다.

남녀가 성적으로 같은 조건에 있다는 생각은 터무니없다. 물론 이 말은 정색을 하고 하는 주장은 아니지만, 다음과 같은 사실은 이외로 무시되는 경우가 많다. 남녀는 성적 기능이 다르기 때문에 또한 성적 만족의 방법도 다르다는 점이다. 대다수 남자들은 사랑에 있어서 성교만으로도 매우 만족한다. 하지만 여성은 일반적으로 그렇지 않다. 존경받는 권위자들이 지적했다시피, 정상적인 여성은 성교뿐만 아니라 모성애나 육아에서도 완전한 성적 만족을 얻는다. (부성애의 감정도 비록 성적인 것이라고 해도 관능적으론 육체적인 성경험과는 무관하다.)

일부일처제라는 조건이 만약 너무 엄격하다면, 그리고 만약 남녀 양성에게 동등한 권리가 있다고 한다면 앞서 말한 바로부터 당연히 도출할 수 있는 생각은 다수의 사생아 인구일 것이다. 그렇게 되면 적출자와 사생아 사이에서 벌어질 상습적이고 광신적인 계급투쟁을 포함하여, 예측할 수 없는 많은 사회적 악을 초래할지도 모른다. 어쩌면 그 최종적인 결과는 결혼과 가족 제도의 완전한 폐지일 수 있다. 극단적이긴 하지만 상황이 그렇게 파국으로 치닫지 말란 법은 없다. 오늘날 결혼은 모든 신문 잡지에서 평판이 나빠지고 있으며, 영국의 조세 제도에서는 결혼이 형벌적인 세금을 의미하는데도 사상가나 정치인, 선거인이나 교회에서조차 항의하려 하지 않는다. 세계에서 가장 문명화된 여러 나라에서는 결혼은 이미 한물간 제도가 되었다.

  이러한 견해는 물론 일부일처제가 역사상 유일한 제도라고 가정한다. 그러나 합법화된 복혼은(일처다부제를 포함하여) 세계 각지에서 존속해왔고 성공적으로 행해지고 있다. 이것은 고무적인 일이 아닌가? 여기서 우리가 시도해보는 건 어떤가? 그러나 나에게는 복혼에 대한 권위 있는 찬성론이나 반대론을 늘어놓을 지식은 없으나 다음과 같은 사실은 명백한 듯싶다. 복혼은 오랜 시대에 걸쳐 성공적으로 행해졌으나 사실상 단기간의 해결책밖에 안된다. 우리보다 더 미숙한 문명 상태에 있는 사람들만이 복혼을 삶의 방식으로써 받아들이는 것 같다. 일부다처제가 법제화된 이슬람 제국에서조차 지식인층은 그것을 거부해 왔다. 이는 단지 유럽의 일부일처제가 영향을 끼쳤기 때문

만은 아니다.

 노예화된 여성 인구가 이슬람의 복혼을 지탱한다고 말하고 싶겠지만 나는 이 주장이 상당히 잘못된 속론이라고 생각한다. 중동의 여자들은, 특히 부족 지역에서도 유럽인의 상상처럼 노예 상태에 놓여 있지 않다. 하물며 복혼이 시행되고 있는 몇몇 지역에서 노예론을 운운하는 것은 결코 진실일 수 없다. 그러나 교육받고 인습에서 해방된 여성에게 하렘 생활은 불가능하다는 것은 정말 확실하다. 또 매우 교양 있는 성년의 남자가 복혼의 계율에 동의하지 않아도 괜찮은 듯싶다.

 한 가지 명백한 일은, 만약 우리가 문명 진화의 길을 줄곧 가려고 한다면, 어느 순간에서 애석하게도 복혼 제도와 작별을 고해야 한다는 점이다. 그 대신에 언제든지 간단히 이혼할 수 있는 제도를 둘 수 있다. 그렇게 되면 도처에서 불행한 아이들이 증가할 것이며 쉽사리 이혼할 수 있는 나라들의 예를 생각해보면 거지 아이들도 적잖게 불어날 것이다. 아무튼 일부일처제와 어느 정도의 성적 자유―이것은 우리의 허약한 문명을 변형시키거나, 어쩌면 붕괴시킬지도 모른다― 사이에 타협안이란 있을 수 없는 모양이다.

 기독교의 가르침을 대체로 인정하면서도 정욕에 대한 교회의 과도한 비난에 문제 제기를 하는 반항자들은 목소리는 높지 않으나 그 숫자가 대단하다. 그들에 대한 반대론은 보다 엄격한 기준에서 시작해야 한다. 목사들이 지적하는 바는, 음탕한 죄인을 불쌍히 여기는 예수의 연민 속에는 음란 그 자체에 대한 연민은 결코 들어 있지 않다는 점이다. '극진한 사랑을 보였으니 네 죄는 용서 받았다'고 한 유명한 말도 그 사랑은 신에게 받쳐진 사랑이며, 많은 사람들이 생각하듯이, 세속의 사랑은 아니다. 순결에 관한 예수의 단호한 가르침은 매우 엄격해서, 이를테면 간음의 실제 행위가 없어도 그것을 생각하는 것만으로 죄가 된다고 한 그의 말이나, '신의 왕국을 위하여' 모든 성적 쾌락을 포기하는 사람들의 고매한 목적에서 잘 나타난다. 사실상 도덕가들은 이런 결론을 내릴지도 모른다. 복음서가 간음을 용인한다는 가정은 제멋대로 상상한 탓이라고.

  과연 그럴까? 부분적으론 그럴 테지만 다른 큰 사실이 있다. 예수 그리스도는 창녀들과 친히 교제했을 뿐만 아니라, 저 음탕한 사마리아 여자와 나눈 대화에서 단 한 번밖에 엄격한 말을 하지 않았다. 대화 내내 부드러운 말이 오갔고 그 결과 여자는 즉시 귀의했다. 그는 결코 순결을 주제로 설교하지 않았으며 (어리석은 처녀들은 모두 숫처녀였다[1]) 간음에 대한 그의 가장 가혹한 책망도, 위선이나 냉혹한 마음, 정신적

---

1) 마태복음 제25장, 신랑을 맞으러 갈 때 등잔 기름을 잊은 다섯 처녀들을 말함.

으로 허영심 많은 사람들이 과시하는 '체통'에 대한 발언과 비교하면 훨씬 상냥하다. 왜 교회는 '육체의 죄' 이상으로 그러한 죄를 강조하지 않는 걸까? 왜 위선이 아니라 정욕을 대죄라고 부르는 걸까?

만약 내가 목사라면, 그리고 아주 강력한 이 주장을 반박해야만 한다면 썩 마음이 내키지 않을 것 같다. 그러나 어쨌든 해야만 한다면, 나는 일곱 가지 대죄 the seven deadly sins에 대한 오해를 하나 지적할 것이다. 그것들은 본래 '주요한 죄 capital sins'이라 불렸고, 내가 이해하기론, 그것들이 다른 죄보다 더 무겁다는 뜻이 아니라 그것들에 빠지면 다른 여러 가지 죄를 저지르기 쉬움을 의미한다. 각각의 대죄는 말하자면, 수많은 해악과 범죄를 포함하는 한 영토의 '수도 capital'가 된다. 정욕의 경우를 예로 들면, 정욕에 대한 예수 그리스도의 연민을 관용이라는 말로 바꾼다면 이 때문에 곧 다른 여러 가지 죄악—우선 노예제의 매음굴 같은 혐오 시설의 증가와, 그리고 결국에는 무신론자들이 주장하는 완전한 성해방의 귀결로서 도덕가들이 걱정하는 최악의 사태—동물 상태로 타락하는 환락의 길이 열리게 될 것이다.

지금까지 나는 양쪽의 대표적인 주장만을 문제로 삼아왔으나, 최근 몇 년 동안에 전통적인 도덕관에 대한 새롭고 불온한 반대론이 하나

나타났다. 그것은 신낭만주의라고 불리는 유파의 사고방식에서 나온 것인데, 이 운동의 추종자들은 인간의 신조를 모조리 망상으로 보고 반예술을 내세운다.

아직 체계가 잡히지 않은 유파여서 그들의 주장하는 바가 정확히 뭔지는 알 수 없으나, 정욕 금지자들에 대한 이 전위들의 반대론은 대략 다음과 같다고 해도 무방하다.

"정욕을 반대하는 당신의 주장은 전혀 설득력이 없다. 왜냐하면 그 주장의 근원에는 엄청난 거짓말이 있기 때문이다. 도덕관념은 이성적인 것이라거나, 이성이라는 것이 존재한다거나, 인간 개개인에게 무언가 비동물적인 특성이 있다—'영혼'이라니, 맙소사!—거나 가정하면서, 좀 더 새로운 축들은 개개인의 '영혼' 대신에 '인간 집단의 정신'을 꺼내면서, 그것이 돼지 집단, 민달팽이 집단, 나무 집단, 양배추 집단, 어쨌든 여타의 집단보다도 본질적으로 우월하다고 말한다. 그것이 도대체 무슨 정신인지 모르겠지만 있지도 않은 것을 가지고 주제넘게도 상상하다니!

인간이 만물의 영장이라는 생각은 우리 조상들이 꾸며낸 허영심의 산물이다. 원숭이나 천사 둘 중에 하나를 선택하라굽쇼? 원숭이입죠,

영원히! 원숭이가 뭐 어떻다는 거죠? 결점은 많겠지만 그러나 적어도 원숭이는 존재한다. 게다가 진짜 원숭이는 있지도 않은 천사를 흉내 내기 위해 가면을 쓴 원숭이들보다는 몇 천 배나 훌륭하다. 그리고 진짜 원숭이들은 가지각색의 가장무도회 의상을 좋아하는 당신들과 달라서 정욕이 나쁘다고는 전혀 생각하지 않는다. 왜냐하면 그들은 '인간 존재'이기를 결코 원하지 않기 때문이다. 인간이란 이미 한물간 퇴물이다."

마지막 문장은 실제 인용문이다. 내 생각에는 이러한 견해를 반박할 수 있으리라고 본다. 반휴머니즘, 비도덕, 비이성, 반예술을 주장하는 이 신낭만주의의 약점은, 무엇보다 그들의 주장 자체가 그들이 부정하는 저 도덕적인 가치들—예컨대 진리의 사랑을 전제로 한다는 점이다. 만약 내 생각이 틀리지 않다면, 이런 주장의 추종자들은 한때 올더스 헉슬리가 행동주의 심리학에 관해 현명하게 지적한 저 철학적 모순에 빠지게 된다. 만약 행동주의에 대한 그들의 믿음이 타당하다면 거기엔 이미 행동주의자의 말에 중요성을 부여할 아무런 이유도 없게 된다고 하는.

이러한 고찰에서 나는 내 견해를 별로 말하지 않았다. 의견이 없습니까, 당신은? 모든 사람들은 연인을 사랑한다. 당신은 어떻습니까?

물론 나도 사랑한다. 나는 당신이 연인이라 부를 수도 있는, 또 내가 사랑했던 많은 사람들을 알고 있다. 상상력의 큰 도움 없이도 나는 개인적으로 이 주제에 관하여 죄책감을 느낀다. 아무래도, 나는 돈 주앙을 좋아하지 않는다는 점에선 도덕가와 보조를 같이 한다. 나에게 돈 주앙은 단지 냉혹한 바리새인을 뒤집어놓은 듯이 보인다. 그는 정신과 도덕의 에너지 전부를 유혹이라는 수고스러운 유희에 소진한 셈이다.

내가 아는 몇몇 '돈 주앙'에게는 공통된 한 가지 특성이 있다. 뿌리 깊은 천박함과 본질적으로 통속한 정신. 여자의 꽁무니를 쫓아다니는 일 이외에는 그들은 따분한 개에 불과하다. 이러한 사람들의 추잡한 성격을 추측해보면 알겠지만, 많은 종속적인 죄를 수반하는 '주요한 죄'라는 관념에는 깊은 심리적인 통찰이 내포되어 있다. 난잡한 연애는 위선을 필요로 한다. 돈 주앙의 배역을 다하려면 당신은 우선 타르튀프[2]의 수다스런 대사를 완전히 꿰고 있어야 한다.

---

[2] 타르튀프(Tartuffe) 프랑스의 극작가 몰리에르가 지은 희곡. 성직자 타르튀프의 문란한 사생활을 통하여 당시 프랑스 교회 성직자의 부패와 타락을 폭로하였다.

貪食 **탐식**

패트릭 레이 퍼머

Gluttony

Patrick Leigh Fermor

"탐식이라고요? 좋습니다. 얘기하지요."

보티건 씨는 기둥이 있는 문간에 걸음을 멈추고 시가에 불을 붙였다. 그는 생각에 잠겨서 시가를 뻐끔뻐끔 빨아댔다. 시가에 불이 잘 붙자, 그는 향긋한 담배연기 속에서 햇볕이 잘 비치는 거리로 조용히 걸어갔다. 아무도 이 정정하고 기품 있는 인물을 칠십 세라고 생각하지 않으리라.

"점잖게 말해서, 나는 한평생 이 탐식이라는 것의 순교자였지요." 하고 그는 성 제임스 궁전 쪽으로 걸어가며 이야기를 다시 시작했다. "그래서 이 탐식이 일곱 가지 대죄 중에 하나라는 사실은 언제나 나를 괴롭혔습니다. 성 암브로스와 오거스틴—아니, 성 클레멘트였던가요. 어쨌든 그분들이 처음에 일곱 가지 대죄를 정했을 때 염두에 둔 건 우리 같은 속인이 아니라 수도사였다는 걸 생각하고 스스로 마음을 달래고 있습니다. 하지만 물론, 이러한 성인들은 로마 말기의 사치나 야만적인 무질서에 대해 어느 정도 바로잡을 필요가 있었던 거지요."

"내가 말하는 요점을 이해하기 위해선 페트로니우스[1]의 〈사티리콘〉에 나오는 '보미토리아'와 '트리말키오의 향연'에 관해서 읽어볼

---

1) 페트로니우스 (Petronius ?~?) 로마의 정치가·작가. 근세 유럽의 선구적 소설로 평가되는 작품 〈사티리콘 Satyricon〉이 있다.

필요가 있습니다. 그 원로원 의원의 이름이 뭐였지요. 자신의 불룩하게 튀어나온 배를 운반하기 위해서 노예를 뒤로 걷게 한 사람 말입니다. 아우구스투스 제帝의 시대에 나폴리에서 살았던 폴리오, 아니 베디우스였던가요. 확실히 아시니우스는 아니었지요. 어째든 그 사람은 노예를 벌할 때면 물고기를 기르는 물통에 노예를 내던지기 일쑤였습니다. 왜냐하면 그는 살아있는 사람을 물고기에게 먹이면 물고기의 풍미가 더 좋아진다고 생각했었지요. 한편 야만인들의 요리는 불결합니다. 훈족이 군마의 말다래[2]와 옆구리 사이에 끈으로 매달아두곤 하는 두꺼운 날고기를 생각해보세요! 감당하지 못할 정도입니다."

"좋은 생활 자체에는 반대하지 않아요. 성서에 나오는 가나의 결혼을 기억하는 것만으로 충분합니다. 성 베네딕트는 수도사에게 식사 때 한 헤미나[3]의 포도주를 마시는 것을 허용했습니다. 또 수도원에서 증류주를 제조하던 습관이나, 또는 비잔틴의 어느 시인이 묘사한 대수도원장의 식사를 생각해보세요. 영국 국교의 주교좌성당에서는 포트와인을 마시며 호라티우스를 인용하는 전통이 면면히 이어져오고 있습니다. 몇 사람의 추기경들이 술잔을 쨍그랑 소리 나게 맞대고 있는 장

---

2) 말다래-말의 안장 양쪽에 달아 늘어뜨려 진땅의 흙이 튀는 것을 막아 내는 물건.
3) hemina; 1헤미나 = 0.274 리터

면을 그린 그림을 보신 적이 있지요? 그것도 역시 그럴만한 근거가 있는 거예요."

보티건 씨의 익살맞은 마놋빛 눈이 내 눈과 마주쳤다.

"당신은 로마 사람들이 무척 좋아하는 어느 교황에 관한 이야기를 알고 있습니까. 그 교황은 최근 사람인데 물론 성스러운 분이십니다. 천국의 문에서 벌어진 일인데, 모른다구요? 원 이거야. 전설에 따르면, 로마교황이 천국의 문에 왔을 때 그 곁에 성 베드로가 서 있더란 겁니다. 성 베드로가 자신의 후계자에게 자기 열쇠로 문을 열고 그 안으로 들어가도록 했답니다. 그런데 포도주를 음미하는데 정평이 났던 이 교황은 열쇠를 꺼내 여러 번 이리 비틀고 저리 돌려봤지만, 도무지 문이 열리지 않아서 쩔쩔맸답니다." 보티건 씨는 웃음을 터트렸다. "열릴 턱이 없었지요. 왜냐하면 교황은 바티칸 궁전의 포도주 창고 열쇠를 잘못 갖고 왔기 때문이에요……."

"탐식으로 죄를 짓는 다섯 가지 방식은 뭡니까?"

보티건 씨는 손가락을 하나 둘 꼽아가면서 말을 이어갔다. "너무 빨리 먹고, 너무 값비싼 걸 먹고, 너무 많이 먹고, 너무 게걸스럽게 먹고, 시끄럽게 마구 떠들면서 먹는 일. 이상 다섯 가지입니다. 아아, 슬프게도 나는 이 모든 죄를 범하고 있습니다. 하지만 적어도 나는 저

십자가의 성 요한이 지니신 영적인 탐식에서는 무죄입니다……. 너무 배불리 먹거나 너무 걸신스럽게 먹는 일은 그 중에서도 가장 나쁜 죄입니다. 내가 어렸을 적에 비프스테이크와 소시지, 으깬 감자, 젤리, 그리고 건포도가 든 푸딩을 아주 까무러칠 정도로 잔뜩 먹고, 이 탐식의 죄에 깊이 빠졌었던 때를 생각하면 지금도 몸서리가 쳐집니다. 그 뒤에 찾아온 고통이란 정말 생지옥이 따로 없었습니다."

"고맙게도, 미약한 절제의 태도는 시대가 성숙할수록 함께 성장했습니다. 왜냐하면 오늘날엔 과학이 그 보복하는 힘을 가진 정욕을 무장 해제하였으므로, 탐식만이 일곱 가지 대죄 중에서 현세에 육체적 보복이 엄습하는 유일한 죄입니다.

이 죄의 보복은, 단테가 탐식가들에게 내린 형벌인 저 그칠 줄 모르는 우박 속에서 지옥을 지키는 개한테 영원히 쫓기는 일보다 훨씬 더 설득력이 있습니다. 영혼의 죄는 양심을 괴롭혀서 우리를 비참한 생각으로 가득 채우며, 영혼을 황폐하게 하며, 우리의 마음을 돌로 변하게 할지도 모릅니다. 아니, 정말 그렇습니다! 하지만 적어도 영혼의 죄는 우리의 혈압을 엉망으로 하거나, 우리의 간장에 큰 못을 박거나 하는 짓은 안합니다. 소화불량, 심계항진, 식은땀, 가슴앓이, 담즙 발작, 진전 섬망증, 알코올 중독, 니코틴 중독과 비교하면 지옥을 지키는 개의

으르렁거림이나 우박 따위는 아무것도 아닙니다. 초기 기독교의 교부들은 이런 일들을 고려하지 않았던 겁니다."

보티건 씨는 시가를 흔들어대며 말했다.

"담배가 떨어진 골초의 괴로움에 필적할 만한 고통이 있을까요? 설마 이러한 지상의 고통이나 굴욕이 나중에 우리가 받게 될 형벌을 짧게 줄여준답니까? 비만을 비롯해서 주먹코, 흐리멍덩한 눈, 딸기코와 거친 숨결 등 이런 것들은 어떻게 생각하면 좋을까요? 탐식은 우리를 괴물로 만드는 유일한 죄입니다. 여태까진 나는 운 좋게도 피해왔습니다."

보티건 씨는 총포상점의 창문에 비친 자기 모습을 만족스레 바라보았다.

"허리띠를 최대한 졸라매기만 하면, 만약 우리가 이것만은 꼭 실천할 수 있다면, 어떠한 증오도 불러들이지 않습니다. 이 점을 늘 명심하세요. 어떠한 말라깽이라도 그 주위에는 항상 뚱뚱보가 기어들려고 호시탐탐 노리고 있는 겁니다.

몸집으로 말하자면 독일 사람들이 최악입니다. 몇 마일의 간소시지, 맥주의 바다, 엄청나게 불룩한 배의 저 어쩌지 못하는 난처함이라니! 독일 사람들의 뒷모습을 보면 오싹 소름이 돋습니다. 면도를 한 굵직한 목덜미를 가로지르는 세 가닥으로 깊게 패인 지방질의 주름들! 목에는 마치 미소가 그려진 듯 보이지만, 이는 천벌의 낙인인 것이며, 기만적인 웃음인 셈입니다. 왜냐하면 그들이 뒤돌아설 때 보이는 것은 고작 휑한 눈이나 실톱자국 같은 상처가 전부이기 때문입니다. 만일 당신이 이런 사람들 중에 한 사람과 논쟁을 벌이다가 지게 되면, 그에게 목덜미의 미소부터 지우라고 말해주세요. 그러면 반드시 이길 겁니다."

"음식이 몸의 외형에 미치는 효과는 상대방을 생각하는 경우에 확실한 참고가 됩니다. 영국에서 그 효과는 매우 주목할 만합니다. 예를 들면, 저 번영한 에드워드 왕조 시대의 사람들에게선 어김없이 뇌조의 광채를 볼 수 있었습니다. 또 지주 계급의 얼굴에선 쇠고기와 적포도주의 흔적이 또렷했고, 비국교도들 사이에선 양배추와 강렬한 인도산 차의 효과가 명백했습니다. 또한 해군의 그 맑고 푸른 눈은 확실히 플리머스(영국 남서부의 군항) 진gin 덕택입니다. 특히, 기운 없는 사람들의 보통 표정은 설명이 필요치 않아요. 크림 전쟁에서 이름을 따온 저 푸딩, 말굽을 끓인 것 같은 맛이 나는 저 커피……!"

여기서 보티건 씨는 몸서리를 쳤다.

"작은 방에서 한 사람이 벌이는 음산한 향연처럼 아무런 기쁨도 없는 식사. 그런 곳에선 무엇이든지 대용품 같은 맛이 납니다.

노르만인이 영국을 정복한 뒤에 색슨인의 말을 모조리 바꿨을 때, 틀림없이 현실 도피가 시작되었으리라고 나는 생각합니다. 예를 들면 양 sheep 대신에 양고기mutton, 소ox 대신에 쇠고기beef 등등으로 대체한 것입니다. 다시 이번에는 식당에서 프랑스 말을 사용하게 되자 현실 도피는 더욱더 심해졌습니다. 그리고 이와 같은 변천은 저 보헤미안 스타일의 '대륙식' 레스토랑에서 절정에 달합니다. 여기서는 벽에 종이로 만든 닭이나 소의 모형이며 마분지로 만든 햄이 걸려, 식탁에 나오는 요리를 상징하는 것입니다. 영국 사람은 이러한 유령의 세계에서 벗어나기 위해 스포츠에 몰입하기도 하고, 식민지 경영에 열중하기도 하고, 때로는 시 쓰기에 열중하는 것입니다. 아일랜드 사람들도 마찬가지 경우입니다. 아일랜드 요리를 먹어본 적 있습니까? 아일랜드 문학은 탄압이나 종교, 황혼과는 전혀 무관합니다. 그들의 문학은 식탁의 잔혹한 현실을 도피하는 것에 지나지 않습니다."

"지금까지 말한 것은 반작용에 따른 결과입니다. 음식에서 오는 직접적인 영향은 더 현저합니다. 카레는 기분을 불안정하게 하며 불화를 불러일으킵니다. 매운 멕시코 요리는 잔인성을 초래합니다. 마치 에스키모들의 주식인 고래 지방이 무감각한 무관심을 가져오는 것과 마찬가지입니다. 벨기에 사람을 보십시오. 그들은 상류의 생활을 하면서 하류의 사상을 가진 가장 좋은 예증입니다! 또 스페인 사람이 요리할 때 사용하는 고약한 냄새의 기름은 마치 성단聖壇의 램프에서 그대로 흘러나온 듯한 맛이 납니다. 스페인의 종교가 편협한 것도 그리 놀랄 만한 일은 아닙니다. 보드카는 러시아 사람의 얼굴을, 지도에도 없는 하찮은 시베리아의 호수와 같은 눈을 가진, 스텝 지대나 특색 없는 툰드라 같은 모습으로 변모하게 했습니다. 미국인의 저 예사롭지 않은 잿빛 안색은 내가 보기엔, 전적으로 그들의 아침식사나 점보 스테이크, 청량음료, 밀크셰이크 때문입니다. 또 온냉방이 잘된 곳에서 노래를 흥얼거리며 온종일 입에 달고 사는 아이스크림 탓입니다."

보티건 씨의 이야기는 자연스럽게 우리를 세인트 제임스 공원의 울창한 가로수길로 이끌었다. 우리가 공원을 지나가는 동안 그는 잠시 생각에 잠겨 시가를 피웠다.

"음식이 민족성에 영향을 끼친 가장 두드러진 예는 이탈리아입니다. 이탈리아의 예술을 보세요. 파스타 요리가 다 망쳐버렸어요! 어떤 사람의 말로는 마르코 폴로가 이 파스타를 동방에서 수입했다는 겁니다. 또 다른 사람은 호엔슈타우펜가[4]의 저 '세계의 경이(stupor mundi)'

---

4) 호엔슈타우펜가(Hohenstaufen家)-12세기부터 13세기까지 신성 로마 제국을 지배하던 독일의 왕가.

이라고 불린 프리드리히 2세 시대에 어느 노파가 나폴리에서 이것을 발견했다고 말합니다. 나는 두 번째 의견을 지지합니다. 치마부에[5]나 조토[6]나 두초[7]는 마른 물고기와 폴렌타(옥수수 · 보리 · 밤가루 따위의 죽), 콩과 검은 빵이며 올리브를 늘 먹고 살았습니다. 단테가 스파게티를 먹거나 산드로 보티첼리[8]가 라비올리[9]를 게걸스럽게 먹는 모습은 도저히 상상할 수 없을 겁니다. 14세기에서 르네상스에 이르기까지 이탈리아 사람들은 마른 음식을 주식으로 삼았던 겁니다. 이 말을 잊지 마세요."

"그 다음에 파스타 요리가 나타난 겁니다. 이 음식이 남쪽에서 북상하여, 마치 끈적끈적하고 많은 촉수를 가진 괴물처럼 이탈리아를 정복하는 데는 일, 이 세기의 세월이 걸렸을 거예요. 그러는 동안 이탈리아의 천재는 이 마카로니의 북상으로 질식했고, 또 예술가들은 마치 라오콘의 뱀을 만났을 때처럼 목을 졸려 죽어버린 겁니다. 펄펄 끓으며

---

5) 치마부에(Cimabue ?1251~?1302) - 이탈리아의 화가. 피렌체파의 대표적 화가.
6) 조토(Giotto di Bondone 1266?-1337) - 이탈리아의 화가 · 건축가.
7) 두초(Duccio di Buoninsegna ?1255~1315) - 이탈리아의 화가.
8) 산드로 보티첼리(Sandro Botticelli 1445~1510) 이탈리아 르네상스시대의 화가.
9) 라비올리(ravioli) - 이탈리아 음식의 하나. 밀가루를 반죽하여 얇게 편 다음 잘게 썬 고기와 야채 따위를 싸서 익혀 먹는다.

물방울을 튀기는 수천 가닥 마카로니의 혀는 꿈틀꿈틀 똬리를 틀면서 아펜니노 산맥을 기어올라, 일 마일씩 세력을 넓히면서 도시와 지방을 삼켜가며 서서히 반도 전체를 정복하게 된 것입니다.

한때는 북쪽 지역에서 용맹스럽게 저항했습니다. 베로나의 연회를 그린 그림에서는 어떤 파스타 요리도 보이지 않아요. 마지막 저항은 베니스에서 있었습니다. 이탈리아의 나머지 다른 곳에선 하나같이 그 따끈따끈하고 미끈미끈한 마카로니의 세례를 받고 있을 때, 티에폴로[10]를 위시한 롱기[11]와 과르디[12]와 카날레토[13]가 쓰러져가는 제국의 마지막 파수꾼으로서 외로운 저항을 시도했던 겁니다."

"그러나 어느 날 배반자인 엉터리 환쟁이가 적의 맨 앞쪽 촉수의 끝머리라고도 할 수 있는 탈리아텔레(넓고 납작한 모양의 국수)를 틀림없이 먹었을 겁니다. 그러자 이번엔 그 틈을 타서 마카로니의 거대한 괴물이 베네치아에 허겁지겁 의기양양하게 몰려들어와 이곳을 삼켜버리는 거예요. 그러고 나서······"

---

10) 티에폴로(Tiepolo, Giovanni Battista 1696~1770)-이탈리아의 화가. 베네치아파의 대표적 장식화가.
11) 롱기(Longhi, Pietro 1702~1785)-이탈리아의 화가. 18세기 베네치아의 로코코 회화의 대표적 화가.
12) 과르디(Guardi, Francesco 1712~1793)-이탈리아의 화가. 18세기 베네치아 풍경화의 대가.
13) 카날레토(Canaletto 1697~1768)-이탈리아의 화가.

이때 보티건 씨의 등나무 지팡이는 허공에서 분주히 원을 그리더니만 갑자기 멈췄다.

"그 다음엔 강타했습니다! 수십억 톤이나 되는 펄펄 끓는 파스타가 베니스의 거리에 밀려 들어왔습니다. 바다의 신부라고 불리는 이 자랑스러운 거리는 그 수많은 탑과 돔dome, 다리와 기념비, 그리고 운하와 함께 이 침입에 잠겨버린 겁니다. 이탈리아 광장에서는 스파게티와 라자냐(파스타·치즈·고기·토마토 소스 등으로 만든 이탈리아의 요리)가 비극적인 싸움을 벌여 운하의 물은 토마토소스로 시뻘겋게 물들었습니다. 이탈리아의 천재는 그때 죽었던 겁니다. 물론 이러한 불행을 자초한 건 그들 자신의 탐식이었지만요. 이탈리아의 그림뿐만 아니라 사상도 시도 문학도 수사학도 건축조차도 죽고 말았습니다. 모든 것이 마카로니로 변하고 만 겁니다."

보티건 씨는 입을 다물었다. 세계는 한순간 애수에 싸인 침묵 속에 갇힌 듯했다. 이윽고 그는 다시 말하기 시작했다. "하지만 이러한 사태에는 어떤 보상이 있었습니다. 바로크 예술이 얼마나 파스타에 빚을 지고 있었는가는 아직도 충분히 인정되지 않고 있습니다. 분수의 조각상에 대한 파스타의 영향은 특히 두드러집니다. 에스테가家의 별장이나 바냐이아의 그 아름다운 분수! 또는 나보나 광장과 트레비 광장을 생각해보세요! 저 수염을 기른 트리톤 신들과, 저 넵튠과 용솟음치는 강의 신들과 바다짐승들, 저 물에 흔들리는 수염이며 물고기의 꼬리며 말의 갈기, 또 수초의 저 생동하는 끝마무리는 어떻습니까? 도대체 바로크의 예술가들은 어디서 이런 영감을 얻었을까요? 유동물을 활발히, 빠르게 휘저을 때 일어나는 풀어짐과 굳어짐 같은, 저 격렬하고 혼란스런 흐름에 대한 감정을 어디서 구했을까요?"

"소용돌이치듯 돌리면서 게걸스럽게 먹어치우는 포크질 말고 또 어디겠습니까? 로마의 시민들에게 활기를 준 그 거칠고 오랜 식사가 바로 이 마카로니의 요리였음은 의심할 여지가 없습니다. 이 요리는 이를테면 순수한 베르니니인데 추녀에게 매혹된 격인 시대에 뒤떨어진 요리입니다. 그와 반대로 후기 르네상스의 이탈리아 건축은 얼마나 식욕을 돋웁니까. 인조 대리석은 록 케이크처럼 보이며, 카라라대리석은 맥아당을 떠올리게 하며, 조각상은 마지판(아몬드와 설탕 · 달걀을 이겨 만든 과자) 같고, 트래버틴은 그야말로 파스타입니다. 빅토르 엠마뉴엘 기념비가 웨딩 케이크라고 불리는 것도 그럴만한 이유가 있는 것입니다."

보티건 씨는 말소리의 음조를 바꾸며 말을 줄곧 이어갔다.

"마치 식인종이 그의 동족인간을 대하는 태도처럼, 모든 건축을

미식적인 방법으로 접근할 필요가 있습니다. 더운 날엔 특히 타지마할 궁전은 맛있게 보일 거예요. 고딕 건축은 가슴이 답답합니다. 너무 앙상한 느낌이 있어서요. 꼬르뷔지에[14]의 정연한 요리 또한 나는 좋아하지 않습니다. 지나치게 단호하고 너무 엄격합니다. 내가 느끼기에는, 식사는 구체적이며 음주는 추상적입니다…… ."

"식인풍습은 문제지요. 많은 경우에 그 풍습은 미식법보다 차라리 종교적 의식이나 미신에 그 유래를 가지고 있습니다. 하지만 반드시 그렇다고만은 할 수 없지요. 17세기 프랑스 도미니카파의 어느 수도사의 말에 따르면, 카리브 사람은 적의 상대적인 가치에 따라 식인의 여러 가지 단계를 결정했다고 합니다. 당연히 기대하듯이, 프랑스 사람이 특히 맛이 있는 셈이 됩니다. 자기 나라를 앞세우는 국수주의 마음도 작용했겠지만 별로 놀랄 일은 아닙니다. 기쁘게도 두 번째는 영국 사람입니다. 네덜란드 사람은 탄력이 없어서 소화가 잘 되지 않으며 스페인 사람은 근육질이므로 삶아도 거의 식용은 되지 못합니다. 이 모든 말이 탐식의 죄로 들리는 것 같아 유감스럽습니다."

"당신도 동의하겠지만, 프랑스는 다른 나라에선 찾아볼 수 없을 만큼

---

14) 꼬르뷔지에(Le Corbusier 1887~1965)-스위스 태생의 프랑스 건축가·화가. 건축의 합리적·기능적 조형을 중시했다.

인간의 본능이 교묘하게 이용되며 발달된 나라입니다. 그래서 프랑스 사람은 실로 잔인한 대가를 치르고 있습니다. 그렇지요, 간장입니다. 이것이 그들의 아킬레스건이지요. 민족 전체가 받아야 할 채찍인데 저 맛있는 소스며 베이지색 액체 속에 슬쩍 들여다보이는 송로와 그리고 잘게 썬 버섯이 가져온 형벌입니다. 오십 세 이상의 프랑스 사람은 모두 이 괴로움에 시달리고 있습니다. 민족 창의력의 희생자로서 말하자면 쇠사슬에 묶인 프로메테우스입니다. 이 프로메테우스의 약점을 쪼아 먹는 것은 독수리가 아니라 스트라스부르에서 몰려온 거위 대군의 유령과 그 복수심에 불타는 부리일 겁니다. 그런데 중국 사람은……."

보티건 씨는 갑자기 말을 중단했다. 흥분의 작은 소동과 산만한 박수 소리가 꽃밭 저편에서 들려왔다. 엔진덮개에 깃발을 꽂은 대형 자동차가 눈앞에 나타나자 장갑을 낀 손이 흔들리며 우아한 인사가 차창 안에서 던져졌다. 보티건 씨는 근엄하게 모자를 벗었다. 모자를 다시 쓰고 그는 말했다. "식사와 왕실, 이것만큼 이야기할 만한 가치가 있는 주제는 없지요. 우리의 복 많은 왕국뿐만 아니라 유럽 전체에 걸쳐 말할 수 있는 일입니다. 왕실은 오랜 세월 동안 규칙적인 식사의 중요성을 똑똑히 보여주는 최고의 실례입니다. 왕실에선 우리 대다수 서민들이 겪는, 마음 내키지 않는 절약과 노이로제에 가까운 탐욕 사이에서

갈팡질팡하는 일은 없습니다. 여기서 중요한 것은 연면한 전통에 따른 일류 요리입니다. 왕실의 문장紋章 그림을 생각해보세요. 어느 문장에도 조상이 나타나 있고 한 세대가 멀어질 때마다 그 수는 두 배로 늘어갑니다. 두 사람의 부모, 네 사람의 할아버지와 할머니, 여덟 사람의 증조부모—16명, 32명, 64명, 128명—이렇게 한 번마다 갑절이 됩니다. 고작 십 세대 안에 천 명을 넘으니 일세기를 4세대로 계산해서 14세기가 지나면 8백만 이상의 사람이 있는 결과가 됩니다. 8백만의 미식가 조상이 있는 셈입니다. 이걸 거꾸로 뒤집어 보세요."

보티건 씨의 지팡이 끝이 이등변 삼각형의 빗변을 그렸다. 지팡이 끝은 왼쪽에서 오른쪽으로 움직이면서 공중에서 직각삼각형의 빗변을 그렸다.

"그리고 이건 규칙적이며 훌륭한 식사의 피라미드 밑변이 됩니다. 천 조兆라는 숫자에요. 이 꼭대기는 각 왕들이 앉는 자리지요. 물론 그 중에는 배를 곯은 가계의 왕도 한두 명 있겠지요. 예를 들면 보나파르트나 카라조르제비치나 몬테네그린가 등은 당신도 아시다시피 산국山國의 생활을 영위하면서 목축업의 고초를 겪은 집안입니다. 그러나 다른 사람들은 단 한 끼라도 굶은 일은 없습니다. 또 종교적인 금욕주의자도 간혹 있었고, 아마 과거 백년 사이에는 한두 사람의 채식주

의자 군주도 있었을 겁니다. 하지만 그 외엔 모두들 저 훌륭한 식사의 체계를 지켜왔던 겁니다. 아침식사, 점심, 차, 저녁, 그리고 물론 맛있는 밤참도 잊어서는 안 됩니다. 이것은 국무에 시달린 피로를 풀기 위한 향기롭고 충실한 보충물인 거지요. 아무튼 굉장한 요리라는 것이 중요합니다. 그리고 이 전통이 당당히 계승된 결과는 무엇일까요. 단지 용모나 두뇌, 근력 이상으로 다시 없이 우수한 기질이 생기는데, 외면상의 광휘나 내면적인 헌신의 부속물로 그것은 값으로 매길 수 없습니다. 말하자면 위엄 그 자체입니다. 뭐라 정의할 수 없는 분위기, 동시에 우아하며 상냥하며, 침착하고 당당한, 위엄 있으면서 명랑하다는 것이지만, 이러한 분위기는 보통 서민에게선 찾아볼 수 없으며, 또 우연히 나타난 독재나 권력욕에 굶주리고 야심을 품은 국가 원수들도, 그들이 뚱뚱하거나 말랐거나 간에 갖고자 갈망하는 것입니다. 이러한 일시적인 수장들이 그 자라난 환경도 음식도 좋지 않았다고 말해서, 나를 선동가나 속물로 생각하지 않기를 바랍니다."

"당신이 눈살을 찌푸리는 걸 보니" 보티건 씨는 다시 말을 이어갔다. "내 이론이 오류투성이라고 생각하는 듯싶군요. 흑사병이 창궐한 후에 영국의 전 인구가 백만 이하로 줄었는데, 어떻게 우리 각자가 14세기에 8백만 명의 조상을 가질 수 있느냐 하는 것이겠지요. 하지만 아무리 미천하고 굶주렸어도 8백만은 8백만이니까요. 당신은 8백만 명 중에 대다수는 모두 같은 인간이라고 단정하겠지요. 맞습니다. 그들은 두 가지 이상에 겸직을 한 조상입니다. 즉 삼각형은 줄어들고 우리는 서로 친척 관계가 되는 거지요. 물론, 기억하겠지요? 만일 내가 원칙주의자의 견해를 취한다면 이 팽창하는 부채꼴은 어느 지점에서 점점 작아지기 시작하여 결국엔 아담과 이브 두 사람으로 환원될 것입니다. 즉, 두 개의 피라미드는 밑바닥과 밑바닥이 맞붙어 마름모꼴이 될 것입니다. 우리 각각은 이 거대한 인간 마름모의 어느 하나 밑바닥에 있는 셈입니다." 보티건 씨는 등나무 지팡이로 공중에서 네 번 움직여 마름모를 그렸다.

"그러니 어차피 이 섬나라의 인간은 모두 친척이 되는 겁니다. 생각하면 재미있기도 하고 또 영광스러운 일이 아닙니까."

마치 보이지 않는 상중喪中 표시처럼 허공에다 마름모를 그리고 난 보티건 씨의 지팡이는 이번에는 좌우상하로 여러 번 움직여서 만민동포주의를 도형화했다—그리고 나서 별안간 움직임을 멈추고 풀밭에 반듯이 누워 있는 한 사내를 가리켰다. 헤라클레스를 닮았다고 할까, 수염을 기른 도보여행자가 구두를 벗고 찌그러진 중산모자를 깊숙이 눌러 쓴 채 원앙새와 황오리에 둘러싸여 만족스레 코를 골고 있었다.

"저 더러운 아저씨도 당신 친척인 셈이지요. 물론 우리 친척이기도 합니다만. 저 사람은 자기 음식에 만족하는 듯싶습니다. 나는 저 남자의 호주머니에 오 파운드 지폐를 넣어주고 싶을 지경이에요. 결국, 피는 물보다 진하니까요……."

 우리는 리젠트가의 다리 위에 멈춰 섰다. 보티건 씨는 팔에 지팡이를 걸고 또 한 번 시가에 불을 붙였다.

 "이건 옆길로 새는 이야기일지 모릅니다만." 하고 보티건 씨는 말문을 열었다. 그는 시가를 뻑뻑 빨며 한 마디씩 신중히 말했다. "기묘한 일이지만 충실하게 탐식을 묘사한 문학은 정말 적더군요. 요리책은 물론 제외지만. 거기에 비하면 술을 다룬 작품은 상당하지요. 우선 라블레[15]가 있습니다. 그리고 '식도락 예찬'과 플로베르[16]가 그린 저 노르만인의 폭음폭식을 잊어선 안 됩니다만 그밖에도 또 있으리라 생각합니다. 위스망스[17]가 그린 '데 제생트(Des Esseintes)'의 불쾌한 연회는 그렇게 중요하지 않아요. 그건 다만 심미적인 것이지 식도락적인 것이라곤 할 수 없지요. 그러나 와인을 찬미한 시는 끝이 없습니다.

---

15) 라블레(Rabelais, Francois ?1483~1553) 프랑스의 작가.
16) 플로베르(Flaubert, Gustave 1821~1880) 프랑스의 소설가.
17) 위스망스(Huysmans, Joris Karl 1848~1907) 프랑스의 소설가 · 미술 평론가.

수백 개나 되지요. 우리나라의 젊은 작가, 가령 워어나 코널리는 술을 찬미한 뛰어난 글을 썼지요. 비유가 어찌나 아름답던지! '수줍은 아기 사슴처럼 슬그머니 다가오는 와인'이라니, 다른 멋진 표현도 많습니다. 정말 매력적입니다. 매력적이지만 그러나 절망적이에요. 이러한 재능이 있는 작가들은 세속적인 사랑의 말로 그들의 경험을 전하고자 하는 신비주의자와 같은 문제에 직면하고 있는 겁니다."

보티건 씨는 펠리컨 한 마리가 가슴 깃털을 부리로 다듬고 있는 모양을 잠시 지켜보았다. "저러한 지혜가 평가절하의 의미로써 거의 행해지지 않고 있다는 건 애석한 일입니다. 코뿔소가 돌진하듯 취하게 하는 알제리주酒, 관광버스처럼 뒤에 와서 나란히 서는 포트와인, 폭격당한 방수防水 공장 같은 악취를 풍기는 리큐르. 비난은 칭찬과 마찬가지로 성문화成文化될 필요가 있습니다. 미슐랭 가이드[18]는 별의 수효로 우수성을 나타냅니다. 좋은 일이지요. 우리는 이 안내서를 따라 지칠 줄 모르는 세 명의 동방박사처럼 프랑스를 여행합니다. 보티건의 안내서를 만든다면 거기엔 또한 우수성 나타내는 기호가 붙겠지만 동시에 독자에게 경고를 주기 위한 상투적인 도형도 붙을 겁니다. 우선 처음엔

---

18) 미슐랭 가이드(Michelin Guide)-세계적인 타이어회사 미슐랭사가 매년 봄 발간하는 식당 및 여행가이드 시리즈로 미쉐린 가이드라고도 한다.

소화제 알약이, 그리고 물동이, 들것, 다음에 구급차, 마지막엔 묘석을 각각 나타낸 기호입니다.

 아마도 최악의 경우에는 두개골 밑에 교차된 대퇴골을 그린 도형이 붙을 거예요. 이건 독살뿐만 아니라 절도와 강탈도 상징하는 겁니다. 왜냐하면 이런 악한 짓을 하는 사람들이야말로 진짜 죄인들이니까요. 이들에게는 사악한 수공품을 군말 없이 삼키는 공범자가 있기 마련입니다. 이러한 사후종범자는 탐식보다도 훨씬 중죄를 지은 겁니다.”

 보티건 씨의 목소리는 음울하게 들렸다.

 "지상의 과일들을 경시하는 것은 곧 신의 섭리를 불신하는 일이라고 말한다면 그것은 물론 궤변만은 아닙니다. 왜 철갑상어가 볼가 강을 오르내립니까? 왜 송어가 비늘을 반짝이며 돌진할까요? 왜 굴이 콜른 강의 뱃길 종점인 콜체스터에 모여듭니까? 왜 물떼새들이 금단의 알을 낳지요? 거북은 왜 세이셀 군도에서 꾸벅꾸벅 졸며 갑각류는 왜 그들의 등딱지를 바꿉니까? 왜 버섯이 퇴비에서 나오지요? 왜 페리고르에선 송로버섯이 그늘에서 자라고요? 왜 뇌조는 스코틀랜드의 안개 속에서 삽니까? 왜 딸기는 익어가고 왜 포도나무의 덩굴손은 나선 모양으로 감기면서 크는 걸까요? 왜 달팽이가 산사나무 위에 있는 걸까요? 이러한 사실은 우리를 시험하기 위해서일까요? 아니면 다정한

신의 섭리가 작용하는 것이라 생각해도 좋을까요? 하지만 중세 교부님들은 이렇게 말했습니다. 책임을 전가하려고 하거나 정도를 지나침에 죄가 있다고 말해본들 아무 소용없다고. 어떻게 캐비아를 적당히 먹을 수 있겠습니까? 탐식에 관해 또 한 가지 독특한 점이 있습니다. 앞에서 말한 바처럼 탐식이 초래하는 육체적인 형벌, 어쩌면 이것이 가장 심각한 일일 겁니다. 그러나 이 탐식은 동시에 가장 가벼운 죄의식을 우리에게 남기는 겁니다. 우리는 히포[19]의 성 아우구스티누스처럼—캔터베리가 아닌—자신의 개선을 공연히 뒤로 연기하면서 죄책감에 사로잡히는 것입니다. "주여, 검약과 절제를 저에게 주옵소서." 그러나 이때의 심정을 부연해서 설명하는 것은 "지금은 마옵소서!(sed noli modo!)" 이 말이 될 겁니다. 그러나 그렇게 말해본들 아무 소용 없습니다. 지옥을 지키는 개와 우박이 기다리고 있기 때문이지요."

이때 빅벤의 시계탑이 예비곡을 연주하고 나서 시간을 알리는 종소리를 내기 시작했다.

"저 종소리엔" 보티건 씨는 말했다. "최후의 심판을 알리는 신호가 깃들어 있습니다. 나는 돌아가야 합니다……. 삶을 교정할 시간이 차츰

---

[19] 아우구스티누스는 히포에서 나쁜 친구들과 어울려 지냈으며, 캔터베리에서는 교황 그레고리오 1세에 의해 초대 대주교로 서임되었다.

짧아집니다. 그리고 또한 타락할 시간도 점점 줄어들고 있습니다……
sed noli modo!(기다려 주세요!) sed noli modo!(기다려 주세요!)"
보티건 씨의 목소리는 평소처럼 밝아졌고 그의 눈은 빛나기 시작했다.
"오늘밤에 한가하십니까? 그거 참 잘됐군요. 여덟시에 나에게 오세요. 늦어선 안 됩니다. 무얼 대접할는지 지금은 말하지 않겠어요. 하지만 틀림없이 좋아할 겁니다. 우리처럼 저주 받은 인간은 일단 실컷 먹고 봅시다."

탐욕

시릴 코널리

—The Downfall of Jonathan Edax—

Cyril Connolly

"어쨌든, 조나단, 무덤에까지 가지고 갈 순 없어요."

어제-금요일-점심 때 브렌다에게 또 그 신물이 나는 말을 들었다. 그 탓에 나는 생각에 잠겼다. 물론 논리적으로 따지면 가지고 갈 수 없다. 투탕카멘처럼 전리품과 함께 매장될 여지는 사실상 전혀 없다. 그렇지만 나는 지하 납골당까지 나의 관을 뒤따르는 포장한 상자며 차상자의 행렬을 즐겨 꿈꾼다. 화장되느니 나무궤짝에 넣어지는 게 훨씬 좋다. 그때 나는 이렇게 말하련다.

"만약 괜찮다면, 당분간 이곳에서 기꺼이 있겠소."

그러나 생각이 여기에까지 이르자, 무덤까지 가지고 갈 수 있는 방법이 하나 떠올랐다. 모든 소장품을 박물관에 기부하면 된다. 사람에겐 누구나 자기 이름이 있으니까, 그 이름이 컬렉션을 한데 모아둘 수 있다. 가족이 한 사람 이상 찬성해주기 바란다. 가족은 개관식 날 앞자리에 앉는다―일을 하루 쉰다면 말이지만. 나는 가족의 얼굴을 마음에 그려본다. 내가 그들을 무덤에까지 함께 데려갈 수 없음은 확실하다.

이닥스 재단 : 소규모 비공개 컬렉션, 박물관 겸 도서관. 일반 공개는 일 년에 3회. 신용할 수 있는 학자에게는 마이크로필름 편의제공. 조나단 이닥스 씨가 기부한, 이 소규모 비공개 컬렉션은 최특선 ······등

등을 포함하며 이 후덕한 기부자의 기호와 심미안을 예증한다. 이것은 바로 한 개인으로서 능히 이러한 대업을 이룰 수 있었던 시대를 기념하는 바이며……

'인간의 눈은 보는 모든 것의 가치를 떨어뜨린다.' —누가 한 말인지 모르나 이 말은 내 첫 번째 큐레이터가 명심해야 한다. 박물관. 장려한 무덤. 일 년에 세 차례 전시를 제외하고 컬렉션은 영원한 어둠 속에 있어야 한다. 파라오라면 여기에 찬성할 텐데. 그러나 도굴꾼들을 어쩌지? 최신식 감시 장치가 아무리 사소한 소동에도 즉각적인 경고를, 눈부신 섬광을 내며 경고해준다는 것으로 해두자.

그러나 이건 병적인 생각이다. 나의 컬렉션은 아직 불충분하다. 나는 더욱 그것들을 완전하게 하기 위해서 줄곧 노력해야 한다. 트러슬러브 녀석한테 들려보자. 그는 틀림없이 어디 가고 없을 거야.

토마스 트러슬러브. 나의 옛 친구. 한때는 가장 촉망 받는 젊은 시인이었지. 그러나 지금은 아주 잊혀져버렸어. 텔레비전에 나가기도 하며, 편집 회의며 펜클럽 활동, 월례 독서모임, 미국 강연여행 하는데 시간을 다 보내고 있지. 지난주엔 버펄로에 있다가 이번 주엔 로마. 영국에 돌아오는 건 겨우 안식년일 때뿐. 그러나—요는 이것이지만—그에겐 출판된 온갖 팸플릿, 온갖 사간본의 책들이 잇따라 쇄도한다는 사실이야. 말하자면 트러슬러브 집에 가면 어떤 책이든 찾아볼 수 있다는 소리지. 나는 그에게 들를 때면 무슨 제2판이니 제2호니 하는 결점 있는 책을 갖고 가서, 그가 등을 돌렸을 때 완전한 책과 바꿔치기 한다. 어차피 그는 그림만 좋아해서 결코 알아채지 못한다. 어떨 땐 내가 아무리 사양해도 아주 후하게 선물하려고 한다. 아무것도 모르는 바보 녀석. 오늘 나는 홉킨스[1]의 제2판을 가지고 찾아갔다. 버지니아 트러슬러브가 문을 열었다.

"토마스를 만나러 오셨나요? 보르네오에 가 있어요. 하지만 내일 아침 돌아올 거예요. 클락스 씨 댁에서 점심 약속이 있거든요."

나는 그녀를 뚫어져라 노려보며 말했다. "부인을 뵈러 왔습니다."

버지니아는 누군가에게 아직도 미인 소리를 듣는 그런 여자였다. 그녀는 적잖게 당황한 듯 보였다.

"밀레[2] 그라지에! 어서 들어오세요."

나는 현관에 외투를 놓고 곧장 서재로 들어갔다.

"차를 드시겠어요?"

---
1) 홉킨스(Hopkins 1844~1889) 영국의 시인.
2) Mille grazie 이탈리아 말로 '대단히 감사합니다'의 뜻

"아주 좋습니다. 맛좋은 차를 마시기 위해서라면 영혼을 줘도 아깝지 않습니다.—여느 때와 다름없는 부인 솜씨라면 말이죠."

"그럼 제가 끓여 오겠어요."

이런 작업은 언제나 성공이다! 술은 안 된다.—가끔가다 술은 테이블 위에 놓여 있으니까. 그러나 차는!

"정성을 다해 내오겠어요."—이렇게 말하고 그녀는 지하실로 갔다. 족히 십분은 걸리고 늘 되돌아올 때에는 경고하듯 달그락거리는 소리가 들려온다!

확실히 정본 홉킨스가 있었다. —그것도 1918년 판으로. 순식간에 책을 바꿔치고 나는 팸플릿 쪽으로 달려갔다.— '실의에 빠진 나날의 시편[3]' 오십 부 한정판—내 젊은 벗 토마스에게, 졸시 W. B 예이츠. '프루프록과 그 밖의 관찰[4]'—토마스에게, 톰으로부터.

어디서부터 시작해야 할지 몰랐다. 윗옷 안주머니에는 얇은 책 한 권 넣어도 그만큼 불룩해서 들킬 염려가 있다. '친애하는 토마스, 자네라도 이런 것을 인쇄할 엄두는 나지 않을 거네, 에즈라.' 이거 굉장하군! 어느 것으로 할까?—왜 세 권 다는 안 되지?

---

3) 원제 〈Poems written in discouragement〉 W.B 예이츠는 아일랜드의 시인, 극작가.
4) 원제 〈Prufrock and other observations〉 T.S. 엘리엇의 처녀 시집

아아!

"늦었죠! 전기포트로 끓였어요. 지루하셨겠네요?"

"토마스의 옛 회보들을 대충 넘겨보고 있었지요."

"골칫거리가 아닌가요? 그이가 돌아오는 대로 둘이서 싹 치워버릴 작정이에요. 책만으로도 버거운데 원고니 편지니 그이는 아무튼 뭐든지 그냥 놓아두거든요."

"괜찮다면 제가 정리해 드릴까요?"

"천사가 따로 없네요, 하지만 뭣 때문에 그런 수고를 아끼지 않으세요?"

"그럴만한 굉장한 이유가 있기 때문이지요." 하고 말하면서 나는 뚫어져라 그녀를 쳐다보았다.

"아서요! 지켜야할 법이 있는 거예요. 자, 이걸 좀 보세요.— '어떤 전율을 느끼며, 딜런.[5] 도대체 왜 시인이란 분들은 제 남편을 가만 놔두지 않을까요? 그이한테 한 권 폐를 끼치지 않으면 아무도 인쇄할 수 없는 것 같지 뭐예요. 남편은 마치 대영박물관 같아요."

"당장 시작합시다."

---

5) 토마스 딜런(Thomas Dylan 1914~1953) 영국의 시인

"그이가 돌아올 때까지 기다리는 게 좋겠어요. 자칫하면 그림을 한 장 버릴 수도 있거든요. 오래 걸리지는 않을 거예요. 회의 장소에 메시지를 전하러 갔을 뿐이거든요."

"보르네오로요?"

"아시다시피, 그이는 동양에서 라디오 방송을 타시거든요."

"복도 많군요!"

그녀는 내가 챙겨놓은 팸플릿들을 유리문 책장 안으로 다시 넣어두고 찻잔을 테이블 위에 놓았다. 빌어먹을 훼방꾼 같으니라고.

홉킨스를 들고 집에 돌아왔을 때 브렌다가 나를 기다리고 있었다.

"조나단 어디 가 있었어요?"

"트러슬러브한테 책을 돌려주러 갔었지."

"캐롤라인이 계단에서 떨어졌어요."

"다쳤어?"

"아니, 천만다행이에요. 이번엔."

"잘됐군. 그럼 별일 아니겠어."

"큰일 났다구요. 층계에서 떨어졌으니까. 당신이 난간을 세우지 않아서예요. 난간을 만들어 놓지 않은 건 당신이 3파운드를 쓰는데 너무 구두쇠이기 때문이죠. 당신 가진 돈은 모조리 촛대니 찻주전자니

지저분한 낡은 책이니 도자기니 유리잔이니 가구니 은그릇이니 촛대니 찻주전자니."

찻주전자! 사실 요즈음 나는 저 책장에 그럴싸한 외관을 갖추기 위해 분주했다. 트러슬러브 집안은 아닌 게 아니라 앤 여왕의 유산을 얼마쯤 물려받기라도 한 모양이었다. 내일은 우선 트러슬러브 집부터 다시 가보자!

"차도 없는 찻주전자, 포도주도 없는 디캔터, 만찬도 없이 장식물만을 위한 식탁이 다 뭐에요. 캐롤라인이 목이 부러져도 당신은 나 몰라라 하겠죠?"

"당신이 직접 난간을 달면 되잖아."

"그럼 돈은요?"

그런데 나는 우연히 방금 책을 읽었는데, 어린이들은 계단에서 떨어지는 경우에도 매우 놀라운 자기 보존의 감각이 있으며, 그들의 작은 몸뚱이는 통통하게 살찌고 수분 함량이 많아서 설령 굴러 떨어지더라도 아주 탄력적이라는 내용이었다. 나는 한 가지 생각에만— 어떻게 하면 홉킨스를 최근 입수목록에서 내 수중에 넣을까 하는—빠져 있었다. "나도 괴로워. 속이 다 탄다구."

몇 분 후에 전화가 걸려왔다. "버지니아에요. 야단났어요. 이제 막

토마스한테 전보가 왔는데, 인도네시아의 추상예술작품을 감정하기 위해 자카르타에 잠깐 묵는다는군요. 클락스 씨 댁의 식사도, 문예가 협회도 놓치게 생겼어요. 어쩌지요?"

"저하고 같이 가시면 되겠네요."

"어머, 정말이세요! 존, 당신은 정말 저를 생각해주시는군요."

점심에 계란을 마저 먹지 않았다는 것을 떠올리며 나는 부엌으로 물러났다. 클락스가家! 진정한 알라딘의 동굴. 나는 운도 좋지. 나는 계란이 그대로 있는 걸 보고 나서 서재로 돌아왔다. 내가 '전리품'이라고 부르는 가장 큰 책장 앞에 섰을 때, 나는 함교 위에 선 선장이라도 된 듯한 기분이었다. 나는 골동품 감상이라는 나의 공연이 끝날 무렵엔 마룻바닥이 꺼져 모든 것이 파묻히는 일조차 바란다.

오늘 밤 나는 접시를 넣어둔 보관함의 열쇠를 찾아내어 초록색과 노란색의 세브르 산, 뱅센 산, 첼시 산, 그리고 마이센 산 등의 몇 개를 세심히 살펴보고 다시 책장으로 돌아왔다. 저 예이츠, 저 엘리엇, 저 오든의 원고는 저울에 달면 아마 몇 온스밖에 안 나가고 책장에 넣어두면 시답잖은 소설 한 권 정도의 자리만 차지하겠지만, 실제로는 몇 백 파운드의 가치가 있으며 나로서는 오랜 세월에 걸친 탐구와 끈질긴 노력의 성과인 것이다. 저 트러슬러브도 제법 괜찮지.—그 녀석이

몇 해만 더 일찍 태어났더라면 '모사다[6]'나 '꺼진 촛불[7]'도 증정을 받았을 텐데.

신의 가장 깊고 괴로운 의지는
나에게 취미를 가지게 했다. 내 취미가 바로 나였다.

나는 홉킨스의 싯귀를 기억에서 지울 수 없다. '내 취미가 바로 나였다.'—자서전의 제목으로 딱이다! 또 취미가 흠 없고—거의 완벽에 가깝고, 골동품 거래에 걸맞은 코와 눈을 가지고 있고 강렬한 호기심과 속물을 공격하려는 올바른 야심이 있다면, 귀중한 골동품을 찾아내는 데 끝이 없을 정도다. 남들이 가치 있다고 인정한 것을 안다는 것은 그것을 소유하는 도상에 있음을 말한다.

토요일, 오늘 아침 일어났을 때 왠지 조금 불안했다. 층계참 쪽에서 브렌다와 캐롤라인의 목소리가 들려왔다. "원, 투, 쓰리, 포. 원 앤, 투 앤, 쓰리 앤, 포." 확실히 정겨운 모녀간의 그림 같은 장면이다. 그때 나는 생각했다. 왜 나는 그 찻주전자를 알아보지 못했을까? 점심을

---

6) ⟨Mosada⟩-W.B 예이츠의 첫 번째 극시.
7) ⟨A Lume Spento⟩-에즈라 파운드의 첫 시집.

먹고 나서 거기에 되돌아가야만 한다. 그리고 나는 정리할 때 생기는 공간에 집어넣기 위해 '호라이즌'과 '펭귄 뉴 라이팅'의 낡은 책 몇 권을 가지고 가리라 생각했다.

은그릇과 도자기는 그렇게 쉬운 일이 아니다. 누군가의 만찬용 식기 한 벌을 빌릴 수도 없고, 또한 벽난로의 장식물을 호주머니에 넣을 수도 없다. 현금을 지니고 다니면서 예상 밖에 요청을 하는 꾀가 있어야 한다. 현금을 지니고 다니다니! 그것은 감정을 상하게 한다. 침착하라. 나는 신사다. 그리고 신사란 완전히 미쳐 돌아가는 세상에서도 선조와 동일한 방식으로 살아가며, 동일한 대우를 요구하는 것을 합리적으로 기대할 수 있는 인간이어야 한다. 이 세상 덕분에 내가 산다는 따위는 식객의 말이다. 천만의 말이다. 신사는, 나는 내 힘으로 살아간다고 말한다. 이닥스가 소유한 것을 이닥스로 하여금 소유하게 하라. 그리고 안전상 조금 더 많이 소유하게 하라.

전화다! "버지니아에요. 조나단 씨, 저는 지금 곤란한 처지에 있어요. 클락스 댁에 전화를 걸었더니 토마스가 돌아올 때까지 점심을 연기해 달라는 거예요. 그러니 저는 오늘 점심을 함께 할 사람이 없는 셈이죠."

이런 자린고비들. 다들 빌어먹어라.

"알겠습니다. 하지만 부인도 아시다시피 저는 점심 식사에 대해선 까다로운 편이라서. 하지만 나중에 또 뵐 수 있겠지요."

"클락스 씨 댁에서 점심 드실 시간이 있으시면 다른 데서라도……."

"어느 지저분한 레스토랑에서 식중독에라도 걸리고 싶다는 말씀인가요? 가리비 모르네 소스 요리를 잘못 먹고 혈전증에 걸린 사람을 저는 알고 있습니다."

"그러면, 저희 집에 오셔서 식사하세요. 근사한 제 요리 솜씨를 보여 드릴게요. 하지만 더비 자기[8]는 기대하지 마세요."

"더비 자기가 있으세요?"

"네, 물론 잘 모르긴 하지만……."

도대체 왜 사람들은 물론이라는 말을 하는 것일까?

"……하지만 퍽 오래된 건데 할머닌 아주 훌륭한 거라고 말씀하시더 군요. 굉장한 가치가 있는 거래요."

"메이슨 아이언스톤인 모양이군요."

"뭐라고요?"

"상표를 잘 살펴보아야 한다고 말했어요."

"굳이 그럴 필요는 없을 거예요."

---

8) Crown Derby 영국 더비 산 자기. 왕실 인가의 왕관표가 있음.

"아주 좋아요. 그럼 한 시에."

어리석은 여자 같으니라고. 내가 마지막으로 점심을 대접한 여자는, 네 마디 말을 듣기 위해 일만 이천 파운드나 지출했다. 그런데 그녀의 '예스'를 듣기 위해서는 다섯 마디 말이면 충분했다. 아내가 옆방에서, 부엌에서 헛기침을 해대며 이리저리 움직이는 기척이 들린다. 아내와 캐롤라인이 '꼭 사야 할 것'의 목록을 만들고 있다. ─구두, 블라우스, 시트, 양말, 초콜릿. 각 품목이 마지막 것에 못지않은 소모품뿐이다. 그리고 저 스페인 하녀도 틀림없이 목록을 작성하고 있겠지. 하지만 고맙게도 이 미친 여자들의 집안에도 오직 한 사람 제정신이 박힌 인간이 있다.

이닥스 재단. 나는 '전리품' 책장을 바라보면서 생각한다. 내 책 중에 어떤 것─최고의 희귀본─에 다른 사람의 장서표, 다른 사람의 문장紋章이 붙여지게 되리라. 시골 저택의 서재에도 들어가게 되리라. 시골 저택에 서재가 있는 사람들이란 희귀본이라면 사족을 못 쓰는 위인들이다. 장서표는 붙인 채로 놔둘까? 증기로 벗겨버릴까? 아니면 유언 집행인한테 맡겨둘까? 하지만 누가 내 유언 집행인이 될는지? 내가 아는 사람들이란 모두 형편없는 바보들밖에 없잖은가? 이모저모 시험해보고 나서 상속인을 고를 수도 있다. 내 유언장이 시험지가 될 것이다. 또는 보물찾기. 그러나 녀석들은 이리저리 날아드는 신간 도서목록 때문에 틀림없이 숫제 속고 말 것이다. 하지만 오늘은 그런 일 일랑 제쳐놓자. 나는 흡사 게티[9]라도 된 듯한 기분이다. 멋진 골동품 사냥에 흥분마저 인다.

"조나단, 어디 가세요?"

"점심 먹으러. 기분 전환이지."

"그럼 당신 계란은 어떡해요?"

"당신이나 실컷 먹어."

"그러면 쇼핑할 돈은요?"

"스페인 하녀한테 빌리든가."

"조나단. 3주일이나 급료가 밀렸다는 걸 아나요? 캐롤라인의 구두는 낡아 해졌고. 우리더러 공기만 마시고 살란 말인가요? 내가 마지막으로 미장원에 간 게 언제인줄 아세요?"

"오, 제발. 당신 하는 말을 녹음해서 잔소리꾼 모임에나 보내봐. 당신 생애 최고의 해가 될 거야. 손가락이 닳도록 일을 해줘. 성심성의껏 나를 도와달란 말이오. 자, 기운을 내요."

---

[9] 게티(Jean Paul Getty, 1892~1976) 미국의 석유 사업가로 대부호이다. 미술품을 수집하여 게티미술관을 개관하기도 했다.

아니나 다를까 보통 때와 다름없는 비명과 부르짖음. 게다가 캐롤라인의 습관적인 흉내가 뒤따른다. 이런 아수라장에서도 침착할 수 있는 사람이 있음을 고마워해야 할 일이다. 운 좋게도 단장은 벌써 선택했으니까 더는 꾸물거릴 필요가 없다. 나는 내게 정말 잘 어울리는, 용기를 북돋우는 중국식 무늬가 있는 금장 손잡이의 페르미에 제너럴을 축복했다. 그리고 또 내가 이 단장을 발견한 시골 저택의 크로켓 경기장을 축복했다.

스페인 하녀! 이전엔 트러슬러브 가의 가장 자랑하는 소유물이었다. 그녀가 하지 못하는 일은 하나도 없었다. 세탁, 바느질 수선, 게다가 밤에는 절대로 외출하지 않는다. 나는 곧 그녀를 주시했다. 그녀에 관한 정보를 이것저것 알아보며— 네 집주인은 무신론자이므로 너에게 악영향을 끼칠 거라고 말했다. 알다시피 브렌다는 가톨릭 신자다. 따라서 결혼이란 그녀에겐 종신형과 마찬가지다. 그래서 나는 사정도 봐주지 않고, 바라지도 않는다. 나 또한 교회에는 간다. 다만 그것은 하녀를 납득시키고 설교에 귀를 기울이기 위해서다. '그의 소도 아니고 그의 당나귀도 아니고 그의 하인도 아니고 그의 하녀도 아니고.' 따위 등등. 정말 시시껄렁하다!

내가 트러슬러브 가에 가진 불평 중에 하나는 두 구역 승차 요금의 중간에서 산다는 점이다. 실컷 걷거나 추가로 차비를 지불해야 한다. 다행히 오늘은 날씨가 좋았다.

버지니아가 문을 열었다. "어머나, 굉장히 스마트하시네요. 모자에다 단장까지, 옆모습이 마치 셜록 홈즈 같으세요. 물론 악마적이지만요."

터무니없이 앞뒤 말이 어울리지 않는다. "아닌 게 아니라 당신다워 보이네요." 그녀는 우리 선조가 미인이라고 불렀을 듯싶은 여자다. 기사도 정신을 발휘해서 한 마디 더하면 '무척 아름다운 눈'을 가지고 있다. 불쌍한 트루슬러브. 결혼생활 20년 동안 그녀를 먹여 살리는 데 매주 일 파운드씩 드는 이외에 용돈으로 일 파운드씩 주면서, 수천 파운드나 낭비한다. 사십을 넘은 여자는 모두 대단한 낭비가다.

"아름다운 물건들을 좋아하신다는 건 잘 알고 있죠. 제 보물을 전부 내놓았어요." 식탁에는 닭 프리카세[10] 요리와 로즈와인 한 병. 왕실 문양이 도처에—은그릇은 모조리 부조 세공이 되어 있었고, 더비 자기는 아주 훌륭한 콜포트산產이었다. "멋진 자기를 보관하는 장소는 자물쇠로 잠가둬야 합니다." 나는 손가락을 내두르며 주의를 주었다. "그런데

---

10) 프리카세(fricassee)— 닭이나 송아지 고기를 잘게 썰어 삶은 것에 그 국물을 친 프랑스 요리.

이만큼 저를 환대해주시니 하나 더 부탁해도 될까요?"

"기꺼이요."

"커피 대신 차를 마시고 싶어서요."

그녀는 다소 슬픈 듯한 표정을 지으며 커피 분쇄기를 보았다.

"네, 제가 끓여 오지요."

빌어먹은 전기포트 때문에 오 분밖에 걸리지 않는다. 나는 책장으로 달려갔다. 잠겨 있었다. 그것은 커다란 마호가니 수공품인데 유리 저쪽에서 갖가지 증정본과 얇은 팸플릿의 수수께끼를 지닌 책등이 보인다. 그러나 잘 살펴보니 잠겨 있는 것이 아니라 문이 움직이지 않을 뿐이었다. 만약 그렇지 않다면 나는 심한 모욕감을 느꼈으리라. 나는 문을 힘껏 열었고 책장이 앞쪽으로 쏠렸다. 경첩이 떨어져나갔다. 유리 한 장이 떨어지면서 내 머리 위를 덮쳤다. 이때 유리를 막으려 한 내 손에 큰 상처를 입었다. 버지니아가 찻잔을 들고 들어오더니 "오 이런! 붕대로 감아야겠어요. 지혈기를 매야겠네요. 어어, 원고가 온통 피투성이에요."

사실이었다. '토마스, 자네라도 이런 것을 인쇄할 엄두는 나지 않을 거네'는 아주 엉망진창이 되고 말았다. 그녀는 내 호주머니에 팸플릿 하나를 쑤셔 넣으며 말했다. "행운의 선물이에요. 한 권 가져가세요."

이때 찻주전자가 내 눈에 띄었다. 그것은 육각형으로 된, 앤여왕 시대의 진품이었다. 심지어 나는 왕실 문장을 보기 위해 그것을 높이 들어 보기까지 했다. 이런 물건을 위해서라면 사람은 살인마저 저지른다—더 나쁜 짓이라도 한다. 이것을 내게 있는 조지 왕조풍의 항아리와 멜론 사이에 놓으면 얼마나 파격적일까! 이것은 족히 수천 파운드는 나가리라.

"조나단 씨." 하고 버지니아는 말했다.

"훨씬 전부터 말씀 드리고 싶었어요. 당신은 행복하지 못하시죠?"

나는 그녀를 노려보았다.

"가여운 존, 당신은 제 눈을 속일 수 없어요. 당신과 브렌다 사이를 잘 알고 있어요."

"알고 있다니요?"

"그래요. 전 다 알고 있어요. 당신이 굳이 브렌다와 결혼한 이유는 그녀가 토마스와 약혼했었기 때문이었다는 걸."

"버지니아……."

"그래서 당신이 브렌다와 결혼한 이상, 아시겠어요? 조나단, 저로선 그와 결혼하는 수밖에 없었던 거예요."

"버지니아……."

"그만둬요. 그리고 의미 없는 결혼 생활이 어떻다는 걸 또한 잘 알아요. 제가 그런 처지니까요. 마치 포스터와, 전화 목소리와, 비행기 예약석하고 결혼한 꼴이지 뭐예요. 이렇게 살아선 안돼요, 조나단. 전 이제 사십이고 당신은······."

"버지니아!"

"잠깐만요. 걱정 마세요. 저는 당신 거예요. 당신은 참 상냥하고, 참 을성 많고, 이해심도 깊어요. 그이가 안 계실 때면 늘 저를 찾아와주시고, 또 한 번도 그에게 불충실한 말은 한 마디도 하시지 않았어요. 언제나 가장 좋은 친구였어요. 전 다 알아요, 제 쓸쓸함과 공허함을 달래주시려 한다는 것을. 당신은 참 마음이 관대하고, 말수도 적고, 친절한 분이에요."

"버지니아!"

"좀 잠자코 계세요. 전 이제 온통 당신 거예요. 제 말을 들어보세요. 제가 전보를 쳤지 뭐에요. '귀국을 서둘지 말 것. 클락스 댁의 점심은 연기. 버지니아'라고요. 어때요, 저도 제법 영리하죠?"

"버지니아······, 찻주전자는······ 누구 거지요?"

"제 거예요. 이런 바보, 그이 거라면 지금 이런 때 이 찻주전자를 쓰겠어요? 제가 당신의 기사도 정신을 해하리라고 생각하세요? 저와 붙어

다니는 셈이죠. 결혼할 때 혼수품으로 가지고 온 거니까요. 제가 갖고 있는 건 모두 그래요. 저기 제 키 높이만한 스탠드엔 항상 고물 주전자가 놓여 있죠."

"버지니아, 현기증이 나요. 제 손목을 봐요. 의사를 불러주지 않겠어요. 아니, 고마워요. 걸을만하네요."

길거리에 나서자 곧 나는 그녀가 준 팸플릿을 꺼냈다. 믿을 수 없는 일이—최고의 희귀본이다!

알베릭 슈트가 지은 '부르봉의 장미와 그 외 시편', 사간본, 뉴포트 파그넬, 1886년. 그의 처녀시집—지금까지 다만 두 권밖에 알려져 있지 않다. 헤이워드의 장서와 보들리언의 장서다. 예민한 재능을 지닌 알베릭 슈트는 세 번째의 가장 뛰어난 시집을 발간한 직후에 오스카 와일드의 스캔들을 둘러싼 사건 때문에 침묵을 지키게 되었다고 한다. 그는 지금 구십 세에 가까우리라—만약 이 라파엘로 후파인 동시에 이미지스트 전파인 그가 생존한다면.

만약 그가 생존한다면! 그러나 살아 있지 않을 이유가 있을까? 만약 살아 있다면 그는 나를 위해 '부르봉의 장미'에 서명을 해줄 수 있으리라. 그러면 나는 다른 두 사람보다 더 좋은 책을 가지게 된다. 나는 공중전화에 다가갔다. 그는 살아 있었다. 알베릭 슈트, 스콰이어즈 마운트, 햄스테드. 확인 전화를 걸어 볼까? 아니, 이것은 흔히 최악의 방법이 될 수 있다. 우선 전화를 끊어버릴 것이며 다음에는 집안에 들여놓지 않으려 한다. 필사적일 때에는 필사적인 방책이 필요하다. 나는 택시를 잡았다. 벨을 누르자 집안이 수선스러워졌다. 중년을 지난 남자가 문을 열었다.

"슈트 씨를 뵐 수 있을까요?"

"슈트 씨는 몹시 편찮으셔서 아무도 만날 수 없습니다."

"아주 시급한 일 때문에 왔습니다만."

"무슨 시급한 일인지는 몰라도 곤란하다고밖에 말할 수 없습니다."

이때 나는 한 가지 좋은 생각이 떠올랐다.

"이봐요, 난 그의 아들입니다."

"슈트 씨는 결혼하지 않았습니다."

"그것이 나의 비극이지요, 그가 아닌."

"이름이……?"

"이름은 문제가 아닙니다. 이것이 나를 보증해줄 겁니다."

이렇게 말하며 나는 그에게 책을 내보였다.

"뉴포트 파그넬, 맞습니다. 그는 거기서 한동안 살았었지요. 좋습니다. 안으로 들어오세요. 저는 의사 프라우트입니다."

그는 나를 아래층 방으로 안내했다.

"미리 말씀 드리자면 언제 어떻게 될지 모릅니다. 환자는 요독증을 앓고 있습니다."

그곳은 눈에 띄는 물건이라곤 아무것도 없는 작은 거실이었다. 황동제 침대는 최근에 놓인 듯싶었다. 그 위에 작은 노인이 눈을 감고 누워 있었다. 코는 깡통따개처럼 생겼고, 손은 이불을 틀어쥐고 있었다. 간호원이 옆에 서 있었다. 그녀는 자기 입술에 한 손가락을 갖다 댔다. 붕대를 감은 손에는 단장을, 다른 손에는 '부르봉의 장미'를 들고 나는 발소리를 죽이며 다가갔다.

나는 어떠한 빈사 상태의 경험도 없으며 스스로 걱정했었던 것보다 더 많은 세월을 이럭저럭 먹고 살아왔다. 죽음만큼 수집가를 매혹시키는 현상은 없다. 그러나 죽음과 사랑의 언덕들은, 보편적인 만인의 환상보다도 오히려 영속적인 인공물을 추구하는 우리 같은 사람들에게는 지상에 보물이 놓여 있는 사냥터나 다름없다. 나는 추도회에서 우울한 얼굴을 하는 일이 골동품 수집에 실제적인 도움이 된다는 것을 자주 경험했다. 나는 내 책장을 미국 문헌으로 빽빽이 채워 넣기 위해서는 그 빈틈을 어떻게 해서든 메울 필요가 있다고 생각하고 있는데, 그때 간호원이 커튼 뒤로 사라졌다. 거의 곧 환자가 눈을 떴고, 일어나고 싶은 듯했다. 그는 나를 물끄러미 바라보았다. 나는 그의 눈앞에 '부르봉의 장미'를 흔들며 만년필을 꺼내려 했다. 그러나 그렇게 하기 위해선 침대에 단장을 기대놓아야 했다. 그때 환자가 갑작스럽게 몸을 움직이는 바람에 단장이 미끄러지면서, 중국의 관리와 탑 모양이 그려진 금제 손잡이가 나무쪽으로 짠 마루에 떨어져 소리를 냈다. 늙은 시인은 부라리는 눈을 한 채 스스로 일어나려 애쓰면서 나를 향해 손을 흔들었으나 그때 간호원이 뛰어왔다.

"당신은……" 하고 그는 숨을 헐떡거리더니 쓰러졌다. 의사가 들어왔을 때 나는 단장을 주워들고 머리에 손을 얹으며 이렇게 말할 만큼의 침착함은 있었다.

"아버지……"

나는 전화를 걸어야하겠다는 핑계로 밖에 나와서야 겨우 한시름 놓았다. 그런데 한 손엔 검은 펠트모자, 또 한 손엔 단장을 들고 스콰이어즈 마운트에서 멀찍이 떨어진 곳까지 왔을 때 '부르봉의 장미'를 놔두고 왔음을 알아챘다. 아아, 맙소사! 나는 고통스러운 상실감에 거의 울고 싶을 지경이었다. 욕심쟁이 늙다리 같으니!

런던의 대중교통을 적절히 이용해서 나는 집으로 돌아왔다. 왜냐하면 나는 '전리품'을 다시 한 번 보고 싶어 견딜 수 없었기 때문이다.

내 개인도서관은 보통 가정집에 있는 온갖 책을 모아놓은 것보다도 훨씬 더 넓은 장소를 차지한다. 우선 침실에서 시작하여 위층으로 넘쳐난다. 나는 잠깐이면 도자기에 새겨진 표지標識, 문장紋章의 주인공, 금 세공인의 종류, 책이며 원고의 지금까지 변해온 여러 주인들, 경매장에서 이뤄진 가격의 변천을 더듬을 수가 있다. 그런 지식은 내 직업에 필수 요건이다.

집에 들어오기 전에 나는 트러슬러브에게 전보를 세 번 쳤다. 자카르타, 펜클럽 전교轉交. 싱가포르, 영국문화협회 전교. 델리, 네루 전교. '클락스 댁에서 약속 연기에 몹시 화를 냄. 서두를 것!'

이윽고 나는 층계참으로 달려갔다. 아이쿠! 계단 꼭대기에 흰 금속의 섬뜩한 작은 난간이 생겼는데, 양 끝을 흡착 패드로 벽에 고정시켜 놓았다. 허들 선수의 집 같다!

"브렌다!" 나는 소리쳤다. 그녀는 웃는 얼굴로 나왔다. "놀라실 거라고 생각했어요. 이제 우리 딸은—당신은 캐롤라인이 내 자식일 뿐만 아니라 당신 자식이란 걸 잊어먹은 모양이지만—몇 분간 간격으로 생명을 위태롭게 하는 일 없이 자랄 수 있게 되었어요."

"돈은 어떻게 했어?"

"외상으로 했어요."

"어떻게 갚을 셈이야?"

"당신 이름에 달아뒀죠."

"내 앞으로 달아놨다니!"

나는 캐롤라인이 책 표지를 찢었을 때처럼 밀어닥치는 분노의 발작으로 숨이 막혔다.

"이 망할 여편네가 어디 돈지랄 할 데가 없어서, 고소할거야."

"똥고집 미치광이!"

"신문에 광고를 내겠어. 집에서 쫓아내고 말테야!"

내 침실에서 전화가 울렸다. (전화는 발신 금지가 되어 있다.)

"버지니아에요, 달링. 남편이 돌아오는 길이래요. 우리는 즉시 떠나야만해요. 난 죽고 싶은 심정이에요."

"그건 불가능해요. 이젠 두 번 다시 당신을 만나지 않겠어요."

"그럼 자살하겠어요. 당장."

"굿바이."

이런 미친년들! 나는 느닷없이 작은 육각형의 납빛 찻주전자가 달처럼 빛나는 환상을 보았다. 지금이야말로 기회다. 나는 방에서 뛰어나가며 저 빌어먹을 난간을 힘껏 걷어찼다.

아아아아아아……

 유명한 감정가이며 컬렉터인 조나단 이닥스 씨의 죽음은 과실사라는 판정이 내려졌다. 그는 토요일 밤, 홀란드 파크의 자택 계단에서 떨어져 목이 부러졌다. 계단은 이상할 정도로 가파르며, 그 꼭대기에 이닥스 부인이 최근에 난간을 설치했다. 하지만 난간은 겉보기만 그럴듯하고 불안정하게 고정된 상태였었다. 고인은 유서를 작성할 생각으로 마음이 동요되었던 듯싶다. 검시 배심에는 토마스 트러슬러브 씨 부부가 출석했는데 증언은 요청되지 않았다. 조나단 헤이건 이닥스 씨는 1895년 베드포드에서, 성공한 사무변호사의 아들로 태어났다. 그는 학업을 마치자 고급 잡지의 독자 통신란에서 일찍이 두각을 나타냈다. 이윽고 경매장에선 만만찮은 경쟁자로 인정되었으며 당시엔 이미 한 개인의 힘으로써 상당한……등등"